中国人のホンネ、日本人のとまどい

「爆買い」後、

中島 恵
Kei Nakajima

彼らはどこに向かうのか?

プレジデント社

「爆買い」後、彼らはどこに向かうのか?

中国人のホンネ、日本人のとまどい

まえがき――爆買いはいつまで続くのか

本書は中国人の「爆買い」をテーマに、全国各地の観光関係者や、来日する中国人、中国国内に住む人々などに取材したものだ。

私は観光や旅行業界を専門分野とする「旅行ジャーナリスト」やインバウンド（訪日外国人）関係の「コンサルタント」ではないので、素人に近い感覚で、あくまでも一般人の目線で話を聞いた。だから、本書には観光ビジネスの〝ノウハウ〟が書いてあるわけではない。

一方で、これまでのジャーナリスト人生で、誰よりも中国人の生の声を拾う努力をしてきたという自負はある。私と中国の関係は29年間に及ぶ。１９６７年生まれの私にとって、それは決して短くない。その間、途切れることなく私は中国を見続けてきた。

その蓄積を基にしながら、本書を執筆するにあたってこれまでのやり方と同様、自分の足で各地に出向き、それぞれにインタビューするという形で取材して歩いた。

当初は「爆買いの現場で実際に何が起こっているのか」を取材することに主眼を置いていたが、取材を進めていくうちに、「爆買い後」も視野に入れることにした。

今後この現象がどうなっていくのか、どんなふうに変わっていくのか、近い将来について予測しながら書いていくことが、これからますます中国人観光客を迎え入れる日本人（読者）にとって、より意味のあることではないかと思うようになっていったからだ。

また、多くの日本企業やビジネスマンにとっての関心事は、主に次の2点に絞られるのではないだろうか。

この「爆買い」はまだ続くのか？

そろそろ終わりを告げるのか？

私の予測では、答えは前者である。

日本人よりもはるかに速いスピードで生きている中国人の「爆買いの中身」は相当変化

していくだろうが、ひとたび「豊かな暮らし」へとかじを切った彼らの気持ちは止められず、この流れは当分続いていくだろう。

今後、経済がどんなに悪化することがあろうとも（バブル崩壊後の日本人がそうであったように）、もう生活レベルを元に戻すことはできないのだ。

本書では、なぜ爆買いが続くと思うのか、インバウンドという観光産業の業界の枠組みにとらわれず、その根拠となる中国人の心理、考え方、受け入れる日本人の悩みや喜びなどの〝悲喜こもごも〟も紹介していく。

爆買いはひとつの社会現象として、日本で表面化したトピックのように思えるが、「日中のGDP逆転現象」や「双方の生活レベルの格差」、「考え方の違い」などを浮き彫りにする根の深い問題でもある。

そして、これらの問題を通して、日本社会に突きつけられている問題や課題、そして日本人の存在についても、あぶり出してみたいと思っている。

もくじ

「爆買い」後、彼らはどこに向かうのか？

プロローグ

バブル期の日本から見えてくる「爆買い」の未来予想図

第1章

中国人観光客急増！　彼らはなぜ日本を目指すのか

第2章

現場で聞いた「中国人観光客の人気商品」

第3章

複雑な社会からわかるモノが売れる仕組み

第4章

爆買いに戸惑う声から探る「マナー問題」の解決法

第5章

大挙してやってくる中国人客は千載一遇のチャンス!?

第6章

中国人富裕層にとって日本は心のオアシス

第7章 なぜ彼らは「日本に住みたい」と思っているのか

エピローグ

日本旅行で中国人の対日観が塗りかえられていく

登場人物の一部は仮名にした。
登場人物の肩書きは取材当時のものである。
為替相場は取材時に近い1元＝19円に統一した。
写真は一部（奥付に明記）を除き、筆者が撮影した。

プロローグ

バブル期の日本から見えてくる
「爆買い」の未来予想図

銀座は「爆買い」であふれている

「は〜い、皆さ〜ん、こっちですよー、ちゃんとついてきてくださいね」

先端に小さなぬいぐるみをつけた特徴的な細長い棒を持つ、Ｔシャツ姿の男性が現れた。中国人観光客を案内する在日中国人ガイドだ。噴き出す汗を腕でぬぐいながら、大きな声を出して歩く姿が目に飛び込んできた。

２０１５年６月のある日曜日。ここは日本一の街、東京・銀座だ。銀座８丁目の高速道路下に着くと、大型バスが次々と停車し、そこから中国人観光客が大勢吐き出されてくるところだった。

7〜10人ずつの小グループに分かれて、それぞれがガイドの後ろにくっついて、銀座4丁目の方向に向かってガヤガヤと歩いている。

数分歩いた先にあるのはラオックス銀座本店だ。ガイドはそこで足を止め、「ちゃんと4時に戻ってきてくださいよ。4時ですよ。待っていますからね」と注意事項を話し始めるのだが、彼らはおとなしく聞いてはいない。

ガイドが最後まで話し終えるのを待ちきれないのか、観光客の一部は早くも店内に入っていってしまった。

解散後は三々五々、隣接するZARAや、道路の向かい側にあるユニクロに入っていく。これから約2時間半のフリータイムに入るので、「貴重な時間を無駄にはできない」というところなのだろう。

ふと見ると、銀座4丁目の方向から、買い物を終えた男女のグループがニコニコしながらやってきた。それぞれ両手に数個の紙袋を提げている。資生堂や三越というロゴが見え隠れした。

銀座の中国人は、ほとんどが内陸部から

ラオックスから飛び出してきた別の女性は息を弾ませながら店頭に荷物を置くと、開口一番、こう話し出した。

「成都（四川省）からやってきました。今回買ったもの？　え〜っと、温水洗浄便座2個、高級炊飯器2個でしょ、一眼レフカメラ、化粧品、それに子ども服と靴。もちろん自分の服も数着買った。合計金額？　今日までだいたい2万5000元（約47万5000円）かな。友だちに頼まれた分もあるから。お菓子は空港で買うので、まだここでは買いませんよ」

大きくて重そうな紙袋をどかんと道路に置くと、即座にしゃがみ込んでしまった。長時間買い物して疲れてしまったのだろう。同じ銀座にいる友だちに「ねえ、今どこ？　私もうお店の前にいるわよ」と電話を掛け始めた。まだ迎えのバスが来るまでに時間があるようで、手持ち無沙汰な様子だ。

歩行者天国になっている中央通りの真ん中にあるパラソルの下には、何人もの中国人が陣取り、ソフトクリームを食べたり、バッグから取り出したマイボトルの飲料を飲んだりしていた。紙袋からおもちゃを取り出して遊んでいる子どももいる。

中国の都市部ではめったに見られない真っ青な空の下、思い思いに銀座の休日を楽しんでいる様子だ。

▲銀座ラオックス前に集まる中国人観光客

週末の午後、晴天に恵まれた蒸し暑い銀座で3時間ほど取材して歩いたが、中央通り（銀座通り）の一部、銀座4丁目から8丁目までの数百メートルは、目算したところ6、7割が中国人観光客だ。

私が歩いた範囲では、1組（北京）を除いて、武漢、南京、桂林、瀋陽、成都など内陸部からの団体観光客が多く、訪日客の中で最も多いといわれる上海や北京からの観光客は少ないように見えた。

今や銀座は中国人団体客のツアーに組み込まれる「日本で最も有名な街」であり、日本観光のメッカ的な存在なのだ。

訪日外国人観光客の増加率ナンバーワンは中国

日本政府観光局（ＪＮＴＯ）の調査によると、14年に日本を訪れた外国人観光客は約１３４１万人と２年連続で大幅に伸びた。

そのうち、最も伸び率が高かったのが中国人（大陸のみ）で、その数は約２４１万人と前年比80％増となり、過去最高を記録した。

12年９月に中国で大規模な反日デモが起きて以降、中国人観光客は一時的に減少していたが、１年後にはすぐに盛り返し、そのまま伸び続けている。15年にはさらに２倍の約５００万人に到達しそうな勢いだ。

15年10月の国慶節（建国記念日）期間中は約40万人が来日し、この期間中の消費金額は１０００億円を超えた。

14年に最も多く来日したのは１位が台湾、２位韓国、３位中国の順だったが、15年はダントツで中国が１位となる見込みだ。

際立っているのは消費金額で、全外国人の中で最も多く、総額5583億円と全体の27・5％にも上った。1人当たりでは約23万円で、彼らの旅行支出の55％が「買い物代」となっている。

15年2月の春節（旧正月）を皮切りに、3～4月の日本のお花見シーズン、7～8月の夏休みにも観光客は増加し、東京、大阪、京都など行く先々でホテルは満室、免税店ではお菓子や家電製品、化粧品を大量に買いまくった。その姿は日本のニュースやワイドショーで大々的に取り上げられるほど衝撃的だった。

欧米人から白い目を向けられていた日本人

この光景、よく考えてみると、私たちは以前、どこかで見たことがないだろうか。免税店に列をなして大量のブランド品を買い込んだり、同じお土産を何十個と買ったりする姿は、80年代のバブル期の日本人と似ていないだろうか。

「マナーが悪い」「うるさい」と評される中国人の話を各地で取材して歩くたびに「でもね、日本人にもそういう時代があったんですよね」と苦笑いし、昔を回想する日本人が少なからずいた。私自身も子どもの頃、そうした日本人がいたことを思い浮かべることができる。

記憶を頼りに、70年代後半〜80年代の古い雑誌を調べてみると、当時の記事が見つかった。

〈売れすぎた結果、うちの店へ来られても売る品物もない。大量生産していないから、顧客の注文に応じられなくなる〉

〈パリの本店での混乱は欧米人の客を寄りつかせなくなり、一種の公害として、フランスでは〝黄禍〟とまでいわれた〉

これは78年4月6日号の『女性自身』に掲載された記事の抜粋だ。パリ・シャンゼリゼ通りにあるルイ・ヴィトン本店前に並ぶ日本人女性について、フランス人が語っていることを記事にしたものである。

10年後の88年7月12日号にもこんな記述があった。

〈(パリのエルメスでスカーフを見る日本女性に対して)次々にカウンターの上に積み上

げて物色して、まるでスーパーでの買い物と同じ感覚なのね。そばにイタリア人らしい外国人女性がいたけど、ちょっとあきれ顔。自分はお金持ちだからとか、円が強いからといって傍若無人な買い方をするのはヒンシュクものね〉

顔から火が出そうな話だが、70年代〜80年代、日本人もヨーロッパやハワイ、香港などでブランド品の〝爆買い〟を繰り広げていたのである。

それだけではない。マナーに関しても、決して立派な振る舞いをしていたとはいえなかった。〈メガネにカメラ、落書きしていたら日本人〉（84年9月6日号『週刊文春』）という見出しの記事によると、スイスで日本人観光客のマナーの悪さが評判となり、困り果てた在ジュネーブ日本領事館が、これ以上重要な文化財に落書きしないよう、日本人のためにわざわざ〝落書き帳〟を作ったという話だった。

情けなくなってくるが、これが30数年前の日本人の姿であることは、紛れもない事実だ。

日本経済が最も強く、「ジャパン・アズ・ナンバーワン」といわれて世界に大きな影響を与えていた時代、日本人の間で爆発的な海外旅行ブームが起きた。日本人も欧米人から白い目を向けられながらも、そんなことはお構いなしにアメリカで不動産投資を行い、企業買収にも乗り出した。日本人が自信満々で、世界へと飛び出していったのである。

爆買いの中国人とバブル期の日本人はソックリ!?

当時の記事を読んでいくにつれ、日本人と中国人の「爆買い」にはいくつかの共通点があることに気がついた。たとえば、為替レートが有利に働いているという点。現在、円安・元高が中国人の日本旅行の追い風になっているが、70年代後半から80年代は日本が安定して経済成長し、円高・ドル安が長く続き、日本人の海外旅行を後押しした。

人民元と円の為替レートは、12年2月には1元＝12円だったが、13年2月には15円、15年2月には19円となり、3年間に約35％も円安が進んだ。日本の物価はほとんど変化していないので、中国人から見れば、日本の物価は約30％も安くなったことになる。

私も頻繁に中国に行くが、この3年間、中国の物価の上がり方はあまりにも急激に感じられた。確かに物価自体も上がっているのだが、為替レートの変動がここまで激しいと、余計にそう感じられる。

70年代後半の日本も同様で、77年1月に1ドル290円だったが、78年3月には235

円になるなど、急激な円高が進んだ。85年のプラザ合意も弾みとなった。

当時の雑誌記事には、海外ブランド品が日本の3分の1の価格で手に入り「今すぐ海外旅行に行かないと、円高の恩恵にあずかれない」といったあおった内容が書かれている。

また、海外旅行をする上で、「買い物」のウエートが非常に高いことも共通点として挙げられる。日本人は中国人のように海外で日用品は買っていなかったが、その代わり、欧米ブランドに熱狂し、それこそ「ルイ・ヴィトンのバッグ5個、エルメスのスカーフ20枚ください」といった突拍子もない買い方をしていた。

中国は日本の後を追い掛けている!?

共通点はまだある。ともに団体旅行をしているという点だ。

日本人の海外渡航制限が解除されたのは、東京オリンピックが開催された64年。翌年には日本初の海外パッケージツアー「ジャルパック」が発売され、ツルのマークのショルダーバッグが流行した。

日本人の海外出国者数は60年には約12万人しかいなかったが、80年は３９０万人、90年には１１００万人と１０００万の大台を超えた。次々と旅行代理店ができ、国内・海外に行く団体のパッケージツアーが大量に発売された。新聞の折り込みで入る旅行会社のチラシを見てもわかる通り、日本人は今でも団体旅行が好きだ。

これに対し、中国人の海外団体旅行が解禁されたのは日本の33年後、97年のことだ。個人旅行はその12年後の09年に始まった。北京オリンピックが開催された翌年に当たる。

それ以前、中国人の海外旅行は一部の特権階級だけに限られ、一般の人々にとって、海外旅行は夢のような存在だった。経済的な事情や、社会的背景（計画経済の影響で、一般庶民は移動の自由が制限されていた）から、中国人は00年代初頭まで、国内旅行をすることすらままならなかった。

中国人の海外旅行は98年に８４０万人だったが、14年には１億人を突破した。米国系コンサルティング会社のファン・ビジネス・インテリジェンスセンターとチャイナ・ラグジュリー・アドバイザーズは、20年までに約２億３０００万人にまで拡大すると予測しており、マクロの景気減速とは関係なく、今後も中国人の海外旅行は旺盛だと分析している。

もうひとつ、共通点といえるかわからないが、古い記事の中からおもしろいことを発見した。

85年1月18日号『週刊朝日』には、お正月をハワイで過ごした日本人の様子が細かく描かれているのだが、その描写がまるで今の中国人とそっくりなのだ。

記事ではハワイの日本人について〈日本人か、あるいは日本語ができる従業員がいる飲食店に行き、一日三回、日本食を食べ、英語を話すチャンスはない〉と書かれている。また「日本人であふれているところ」として免税店が挙げられている。

〈ツアー客がバスでやってきて店内を席捲する。五〇〇ドル、一〇〇〇ドルといった単位で買い物をしている〉

〈買い物協奏曲は、帰りのホノルル空港でも目の当たりにした。お土産を抱えて飛行機に乗り込む。座席の周りはこうした免税品だらけ。機内で繰り広げられているのは、免税オーバーの申告書づくりとその計算。そして成田に降りれば、また、預けたバッグとともに免税の品々がターンテーブルからどっと吐き出されてくるのである〉（同記事より引用）

免税店でも百貨店でも、どこでも中国語で押し通し、飛行機に購入した商品を山のように積み込む中国人の姿とダブって見えないだろうか。

現在と30年前の記事を読み比べてみて、私は改めて中国人は日本の後を追いかけているのだな、と感じた。


このように感じていたとき、奇しくも内閣府の「国民生活に関する世論調査」を目にする機会があり「今後の生活において、心の豊かさと物の豊かさのどちらを重視するか」という興味深い項目があることを知った。

これを見ると、70年代前半まで、日本人は「物の豊かさ」を重視してきたが、79年にほぼ互角となり、81年に「心の豊かさを重視する」のほうが逆転したことがわかった。今から34年前のことで、ここまで述べてきた日中の共通点の年号と、不思議なほどピタリと重なる。

中国人は今、その転換点に立っているところなのだ。

「現場で起きていること」と「爆買い後に起きること」

「まえがき」でも書いたが、当初は「爆買いの現場」を取材することに主眼を置いていた。しかし、取材を進めていくうちに、「爆買い後」も視野に入れることにした。

今後この現象がどうなっていくのか、どんなふうに変わっていくのかといった近い将来についての「未来予想図」を描くことで、これからますます中国人観光客を迎え入れる日本人（読者）に、ノウハウ本とは少し違う角度で、示唆を与えることができたらと思ったからだ。

詳しくは本章の中で述べていくことにするが、爆買いという言葉自体に反発心を覚える人が日本にこれほどいるということに、私は正直いって驚いた。

私自身はこの流行語的な言葉に深い意味を持たせずに使ってきたし、とくに意識しないできたが、この言葉の中に、私たちの（とくにマスメディアの）「上から目線」の意味が含まれている、と心を痛めている日本人が少なからずいた。

しばらく前、世間ではヘイトスピーチという言葉が広がったが、異質なものを排除しようとするネガティブな動きが日本国内で広がっている半面、自分たちとは明らかに違う人々を受け入れる際、どのような心構えで、どんな気持ちで受け入れていったらいいのかについて、真剣に考えている人々もいたのだ。

これは、政府の訪日旅行促進事業（ビジット・ジャパン事業）が進める訪日外国人2000万人の実現に向けても、ぜひ多くの日本人に考えてほしい、ひとつのテーマであると感じた。

しかし、日々中国人を迎え入れている取材先にとって、あまりにも速いスピードで中国人たちが押し寄せてくることに、不安や戸惑いがあることも事実だ。観光立国を目指す政府は威勢のいい花火を打ち上げているが、現場レベルではバス不足、運転手不足、そしてサービス業全体の人手不足が深刻さを増している。

その上、それらは観光産業だけの問題ではなく、介護や外国人労働者受け入れなどと同様、日本全体の重要な問題であるのにもかかわらず、抜本的な解決策がなく、後回しにされている印象も受けた。現場は疲弊していた。

「爆買い」に対して戦略はあるか

また、取材では、中国人観光客をもっと受け入れるべきなのか、否か、についても話を聞いた。

関西方面のあるレストランでは、店主から「中国人観光客が来ると、中国語で大きな声でしゃべるので店の雰囲気が悪くなって困る。中国人がやってくると、常連さんがいなくなるかもしれない」という話を聞いた。その店に中国人が来る頻度はまだ低く、彼らが来たことによる常連の店離れに、一体どれだけの因果関係があるのかが不明瞭で、本人も中国人に対するイメージだけで不安を募らせており、まだ頭の整理ができていないように思えた。

メディアで喧伝《けんでん》される爆買いとセットで語られるマナー問題が、店主の意識の中に深く刻まれているからではないか、そして、漠然とこの店主のように思い、戦々恐々としている日本人はかなり多いのではないか、と思った。

中部地方のある大きなターミナルの前には、ビジネスホテルが2つあるのだが、中国人客の受け入れに関しては〝方針〟が大きく分かれた。

ひとつ目は全国チェーン展開しているAホテル。顧客の大半は中国人観光客で、稼働率も95%を超えるほど。宿泊できなかったのでロビーを見に行ってみたが、まだ午後の早い時間帯なのに、狭いロビーの椅子には数人の中国人が座っていた。取材は断られたが、国籍に関係なくとにかく外国人をどんどん受け入れる方針のようだ。

Bホテルはその地方にしかないビジネスホテルだったが、支配人によると「中国人のお客様は全体の3割までに抑えている」という。それ以上になると「ホテルの雰囲気が変わる。中国人のお客様に便利な立地なので、もっと受け入れたい気持ちもありますが、日本人のお客様も大切にしたいし、中国は政治的なリスクがあって、急にお客様が来なくなるという可能性もあるので、リスクを考えてこのような割合にしている」と話していた。よいか悪いかは別として、このホテルには自社で決めた方針があった。

おそらく多くの観光施設やレストラン、小売店などの関係者が、怒涛《どとう》のように迫りくる〝彼ら〟に対して、どのように対処したらよいのかわからず、まだ方針を考えあぐねている時期かもしれない。

安定的な経営を続けていくためには方針や戦略が必要だ。

第2章で紹介する三越伊勢丹ホールディングス営業本部の堀井大輔氏が「1億2000万人の内需が世界の70億人に広がると思ったほうがよい。我々はその中で利益を取るべきで、明確な戦略を持って事に当たらなければいけない」と話していたが、まさしくその通りだ。

日本のマーケットが置かれている現状を把握せず、場当たり的にやっていたら、どんなに小さな企業でも立ちゆかなくなる。

「向こうだってブームに乗って突然やってくるのだから、こちらだって、その場だけ大量に売れればいいんだ。売れさえすればいいのだ」といった独りよがりの一方的な考え方では、すぐに中国人たちに愛想をつかされてしまうだろう。

現に彼らの消費行動は、日々刻々と変わってきており、単純なものではないからだ。

日本人が中国を、中国人が日本を正しく理解するためにも

戦略を打ち出すのには、日本人は中国人のことをあまりにも知らなすぎる。新聞やテレビ、インターネットでは連日中国のニュースが大量に流されている。ゴシップネタも含めて、おそらく日本のすべての海外情報の中で最も多いのが中国情報だろう。

だが、私たちは本質的に彼らのことを理解できているだろうか。マスメディアの情報に翻弄《ほんろう》されるばかりで「中国」という巨大な国家の報道は多いのに、実際は何も知らないのではないか、という疑念が私にはある。

彼らのことを「怖い」と思うのも、「ステレオタイプ」で判断してしまうのも、得体が知れず、よくわからないからだ。

中国人も同様で、銀座などでの街頭インタビューの際、「日本はすばらしい国なんですね。これまで日本に来る機会がなかったけれど、来てみてよかった。また来たい」などと話しているのを見たことがある人もいるだろう。

中国のマスメディアは政治宣伝（プロパガンダ）が中心で、日本についてのポジティブな報道があるかどうかは、政治に左右される。だから、中国人は日本のものを含めた、すべての報道について信用していない。

信用しているのは友人や身内から流れてくるSNS（ソーシャル・ネットワーキング・サービス）やクチコミだ。近年、インターネットが発達したことにより、ようやく少しずつ「日本の正しい情報」が伝わり始めた。

全体的にはまだ誤解や間違いも多く、彼らも日本のことを「ほとんど知らない状態」だ。だが、政府の情報が偏っていたからこそ「日本について本当のことを知りたい」という気持ちは強く、経済的な余裕ができた今、来日して自分の目で確かめるようになった。

自分の目で日本を見て、日本人の優しさやサービスに直接触れれば、少しずつ誤解は減り、反日的な感情は必ず薄らいでいくのではないかと思う。私たちも、この千載一遇のチャンスを生かし、そうした彼らの気持ちに応え、今こそ真正面から向き合わなければいけないという気がしている。

この取材を通して、中国人の来日を待つだけでなく、同時に、私たちも中国に出かけ、彼らの真の姿を自分の目で見て、自分で中国という国を判断すべきであるという思いを強くした。

現地の日系企業のビジネスマンからは、よく「本社の中国に対する知識が古く、現場の状況を説明しても理解してもらえなくてつらい」という板挟みの話を聞くが、本気で中国と取り組もうと思うなら、トップ自らが彼の地へ乗り込み、自分の目で見るくらいの気概がなければダメである。それでこそ相互理解が進むと思う。

では、そろそろ本章に入ることにしよう。ぜひ、現場の声に耳を傾けてほしい。

第1章

中国人観光客急増！
彼らはなぜ日本を目指すのか

圧巻！　クルーズ船でやってきた約5000人の観光客

猛暑から一転して急に涼しくなった15年8月下旬の週末、福岡県博多港に向けてクルマを走らせていると、箱崎埠頭《ふとう》に停泊している巨大な船が目に飛び込んできた。乗客約5000人を収容できるという豪華客船「クァンタム・オブ・ザ・シーズ」だ。全長380メートル、高さ46メートルという〝巨体〟で、近づいてみると、まるで終わりの見えない壁のようだ。

船のそばには観光バスがズラリと並んでいる。その数なんと約120台。現場を案内してくれた福岡市港湾局の小柳芳隆氏によると、福岡県内だけではバスが足りず、大分や熊本などからもかき集めているという。

周辺には「携程《シエチエン》」「途牛《トゥニウ》」「美辰《メイチエン》」といった、日本ではほとんど知られていない中国系旅行会社の社名が入ったベストを着た中国人ガイドたちが、大きなしゃもじのような看板を手にして立っている。下りてくる乗客たちを待ち構えているのだ。

乗客のおよそ9割を占めているのは中国人団体観光客だ。4000人以上いる乗客全員が下船するまでに数時間はかかるという。この日の船は上海を発着する4泊5日のコースで、福岡が唯一の寄港地となっている。

15年1月に入国管理法が改正となり、法務大臣が指定するクルーズ船を対象に「船舶観光上陸許可制度」が開始されて、指定のクルーズ船の乗客はビザが不要になった。

その代わり、滞在時間は12時間以内と決められているため、観光できる範囲は限られている。だが、飛行機と違って船は貨物制限が緩いため、大量に買い物をしたい人にとっては魅力的な選択肢だ。

午前8時過ぎ――。

手続きを終えた乗客たちが十数人ずつ下りてきた。車椅子に乗った老人や赤ちゃんも含めた4～6人程度の家族連れが多い。クルーズ船は（等級によって異なるが）飛行機よりも価格が安く、船内でゆっくり過ごせるため、大家族に人気がある。

これが今、流行りのクルーズ船のひとつだ。

日本には博多のほか、長崎、鹿児島、熊本、沖縄、鳥取、横浜、神戸などに寄港してお

▲博多港に寄港する大型クルーズ船。前にはバスがズラリ

り、福岡は日本一の寄港地となっている。

14年は99回寄港したが、15年には約270回へと急増。16年は「さらに増える予定で、すでに満杯状態」（福岡市港湾局、南里隆幸氏）という人気ぶりだ。

15年7月、鳥取県境港市に同型のクルーズ船が入港したときにも、大型のショッピングモールがある村の人口よりも多い約4000人の中国人が押し寄せて「爆買い」して帰ったことが、テレビのニュースで話題となった。そのことを記憶している人も多いだろう。

いつの間にか、同様の現象が全国各地の港で巻き起こっている。

増え続けている日中を結ぶ空の便

空の便も増加している。観光客数を押し上げている要因のひとつは、中国からのLCC（格安航空会社）の乗り入れだ。

LCCによる航空路線は急拡大しており、青島や鄭州、武漢、長沙、西安、昆明、重慶といった地方都市から、ダイレクトに日本の空港に就航するようになった。15年10月、羽田空港への中国からの路線も従来の2倍を超える1日40便に増便された。

中でも人気があるのは北海道だ。北海道経済部によると、14年の中国からの観光客は約34万人と全外国人の22％を占め、台湾に次いで第2位となっている。

新千歳空港の14年の中国人入国者は約7万3000人と前年比2・4倍になった。同空港では、01年以降、中国東方航空など中国系航空会社が次々と就航、春秋航空、天津航空といったLCCも就航している。

北海道といえば、銘菓「白い恋人」や「じゃがポックル」が大人気で、春節や国慶節のときには、これらの菓子を大量に買い込んだ人々が空港のチェックインカウンターにあふれ、大混乱に陥るほどだ。

中国で北海道の知名度がアップしたのは08年。釧路や網走などを舞台にしたラブコメディー映画『非誠勿擾《フェイチェンウーラオ》』（邦題『狙った恋の落とし方。』）が中国で大ヒットしたことがきっかけだった。

映画を見た中国人たちは、これまで見たことがなかった北海道の美しい大自然や雪景色に感動し「ぜひ、ここに行ってみたい」と熱狂した。

北海道は以前から雪が降らない台湾や香港の人々から絶大な人気を得てきたが、映画をきっかけに中国人の間でも認知度が広まり、人気に火がついた。中国の東北部は北海道よりも寒い地域があるが、積雪はあまりないからだ。

「14年後半から中国人が急激に増えてきた」と語るのは、北海道観光振興機構の幸田順一氏。一年に数回中国の旅行会社を訪ねるなど、積極的にプロモーション活動を行っているが、15年ほど大きな手応えを感じたことはなかったという。

利用者が400倍になった北海道・旭川空港

とくに利用者が増えているのが旭川空港だ。13年の入国者はわずか33人だったが、14年は約1万6000人と484倍になった。全国の空港の中で最も高い伸び率だ。

15年9月、旭川空港を訪ねると、空港の運営会社、旭川空港ビルの社長であり、旭川市長の西川将人《まさひと》氏が出迎えてくれた。西川氏は12年夏、旭川市の活性化と経済振興を考えて、自ら北京や上海にある航空会社に出向き、航空路線の開設を熱心に働きかけた。それがきっかけで14年に中国東方航空と春秋航空が旭川空港に就航した。これが400倍以上という驚異の伸び率に結びついた要因だ。

取材時点で2社の航空会社合わせて搭乗率は8割を超えており、フライトがある日は、国際線の待合室は満席になる。現状では空港の一部に仕切りを設けて対応しているというが、やや窮屈そうだ。

西川氏は「一度のフライトで180人ほどやってきます。今後もニーズは拡大していくと思うので、数十億円規模の投資をして国際線ターミナルを新規建設することも検討しています」と話す。

旭川市の人口は約34万人だが、14年の外国人宿泊は約8万6０００泊と過去最高となり、その3分の1が中国人だった。この都市で中国人の存在感は日ごとに増している。

空港を出て、少し市内を歩いてみた。

旭川からは美瑛や富良野にまで足を延ばせる。初夏の花が咲き乱れる6～7月ごろに訪れる人が多いという。有名な観光スポットといえば旭山動物園だ。ここにも中国人観光客が押し寄せている。動物の自然な動きが観察できる行動展示の先駆けとして知られるが、14年度は全外国人団体客のうち34・5％が中国人だった。

中田健裕《たけひろ》副園長は「中国人にとくに人気なのはホッキョクグマとペンギン。日本人よりも関心の強さがはっきりしている印象がありますね」と語る。

空港の利用者が増えれば、地元経済にも多大な影響を及ぼす。旭川市が補助金を出し、飲食店の一部が中国語表記のメニューを作った。少しでも中国人客に配慮しようという試みだ。

また、市中心部にある西武百貨店（旭川店）も15年3月から免税手続きカウンターを設置した。6月以降は、市内11店舗で買い物した商品の免税の一括処理も行えるようになった。全国の西武百貨店に先駆けての取り組みで、免税の一括処理ができるようになったのも、岡山県の天満屋百貨店に続き全国で2番目という早さだ。

来たる爆発的な観光客の増加に向けて、旭川では着々と準備を整えている。

多様化傾向にある訪問地と目的

福岡でも、北海道でも、取材に行く先々で中国人の「爆買い」を目撃した。もはや「観光地」と名のつくところで、中国人が訪れていないところはないのではないかと思うほど、日本中に中国人観光客が押し寄せている印象だ。

観光庁「訪日外国人消費動向調査」（14年）によると、都道府県別の訪問率は1位が東京都（67・4％）、2位が大阪府（41・8％）、3位が京都府（29・2％）の順で、この段階ではまだ福岡県も北海道もベスト3にはランクインしていない。

しかし、日本政府観光局（ＪＮＴＯ）の調査では、訪日旅行商品の多様化が進んでおり、

「以前はゴールデンルートだけの時代だったが、13年にはゴールデンルートと北海道の二強時代になった。現在は九州、関西、東京、沖縄、北海道、そしてゴールデンルートというように少しずつ全国に拡大している」（JNTO海外プロモーション部・平田真幸氏）という。ちなみにゴールデンルートとは、成田国際空港（または羽田空港）から入国し、銀座や浅草、箱根、富士山などを観光し、新幹線で名古屋、京都、大阪へと向かう（あるいはこの逆）コースのことだ。通常、5〜6日のことが多い。

訪日の目的も14年は1位「桜の花見（79％）」、2位「温泉（74％）」、3位「ショッピング（73％）」の順だったが、15年は2位に「美食（72％）」が食い込み、「ショッピング」は4位へと下がった。5位以降は「秋の紅葉」「スキー・雪遊び」「テーマパーク」「自然・リゾート」の順となっており、わずかの間に中国人の興味の範囲は大幅に広がっていることがわかる。

中国人が日本を目指す理由①「経済的な豊かさ」

めまぐるしく変化する中国人観光客の嗜好《しこう》や流行だが、そもそも彼らはなぜ日本を目指すようになったのだろうか。

彼らは日本だけでなく世界中を旅行しているが、日本に行きたいと思う理由に絞って挙げてみたい。

第一には経済的に豊かになり、海外旅行に行けるだけの余裕ができたことだ。

中国は10年に日本を抜いてＧＤＰで世界第2位となったが、１人当たりのＧＤＰも年々上昇し、14年現在、第80位となっている（ちなみに日本の１人当たりのＧＤＰは第27位と、中国よりはるかに上にある）。

中国新聞網によると、14年、北京市の民間企業の社員の平均年収は約５万３０００元（約１００万７０００円）、全体の平均月収は約４４００元（約８万３６００円）となっており、こちらも年々上昇している。中国は夫婦共働きが基本なので、一家庭の世帯年収は、単純計算してこの2倍だと考えられる。しかし、中国では人によって収入格差が大きいため、この平均値はあまり当てにならない。

大卒の初任給のほうが現実的にイメージしやすい。一般企業であれば約４０００〜５０００元（約７万６０００〜９万５０００円）、金融業界であれば１万元（約19万円）からスタートすることも珍しくなく、日本人の初任給に近づきつつある。日本と異なり、大企業で業務成績がよければ入社3年目に2万元（約38万円）に跳ね上がるケースもあり、出世は日本よりずっと早い。

ちなみに、私の友人の例をいえば、上海の25歳の男性は中小ＩＴ企業に勤務していて、給料は６５００元（約12万３５００円）、35歳の女性の友人は日系企業に勤務していて、給料は１万１０００元（約20万９０００円）、45歳で銀行に勤務する中間管理職の知人女性は2万８０００元（約53万円２０００円）。

業種や学歴によって、まちまちだが、両親が都市部にマンションを持っている場合、それを転売するなどして新しいマンションを買っているケースがあり、家賃がかからないで、収入はまるまる自分のものになることもある。

国有企業の中間管理職以上になれば、企業が福利厚生の一環でマンション購入資金を出してくれることもある。

日本への団体ツアーは４０００～６０００元（約７万６０００～11万４０００円）前後。食事代、ホテル代が込みであることを考えれば、中間層以上の中国人にとって割安だといえるだろう。

日本はこれまで距離的には最も近い国のひとつだったが、中国人から見て「物価が高い」イメージがあり、政治的な関係もあって、近づきがたい存在だった。それが、円安・元高の影響、SNSの発達で「日本は物価が安く、最も行きやすい国」のひとつへと〝イメージ・チェンジ〟した。

中国人が日本を目指す理由②「ビザ発給要件の緩和」

第二の理由はビザが取得しやすくなったことだ。

中国人の海外団体旅行が解禁されたのは97年。日本旅行がスタートしたのは00年からであり、中国人の海外旅行の歴史はまだ浅い。

従来、中国人のビザ取得は非常に厳しいものだった。ビザとは、いわばその国に入国しようとする人を事前に判断する身元調査であり、その人物が入国しても問題ないというお墨つきのことだ。

日本人にとってビザが必要な国は少なく、日本政府が「相互取り決め」でビザを免除している国は60ヵ国・地域以上に上る。世界的に見て、日本ほどビザを求められない国はないだろう。それほど日本人の信頼は厚いということだ。

ところが、中国の場合はまったく逆で、ビザが必要な国・地域が圧倒的に多い。それだけに、中国人にとって海外旅行は非常にハードルが高いものなのだ。

ビザ取得に必要なものは在職証明書や預金残高、通帳コピー、航空券、日程表、ホテルの予約表（個人の場合）などさまざまあり、これらを揃えて旅行代理店経由などでビザ申請をする。個人ビザを取得する場合には不動産取得証明書も必要で、持ち家がなければ個人旅行をすることは難しい。

以前は申請してから許可が下りるまでに時間がかかったり、年収がボーダーラインだったりするとはねられることもあったが、最近は少しずつ条件が緩くなってきた。

12年7月以降、日本政府は沖縄、岩手、宮城、福島の4県のいずれかを訪問する際に3年間有効の数次ビザ（1回の滞在期間は30日以内で、何度でも入国できる）を発給した。このことにより中国人の訪日が加速したが、15年1月からは、一定以上の収入のある中国人観光客に対して、それまで発給していた数次ビザの要件を緩和した。

それにより過去3年間以内に渡日歴のある人で一定の経済力があれば、地域を限らず3年間有効の数次ビザ（1回の滞在は30日以内）を、高所得者の場合は5年間有効の数次ビザ（同90日以内）を取得できるようになった。

所得のボーダーラインの金額は公表されておらず、年収がどのくらいならば個人ビザを取得できるのかなどは不明だが、発給件数は過去最高に伸びており、数年前に比べて、中国人の訪日が促進されたのは確かだ。

中国人が日本を目指す理由③「廉価で高品質な日本製品」

第三の理由は、日本には価格が安い上に品質のよい、魅力的な商品が大量に存在するということだ。円安・元高の影響が大きいが、都市部の中国人から見て、日本の物価は「安い」と感じる。

逆にいえば、少なくとも私から見て中国（とくに上海）の物価は「とても高い」。為替が円安に振れていることに加えて、中国の物価の上がり方が激しいのだ。中国の消費者物価指数（ＣＰＩ）の上昇率は11年が５・４％と近年では最も高く、その後は２年連続で２・６％に下降しているが、私の実感としては14年ごろまでは年々ものすごい勢いで上がっているイメージだった。

15年初頭、上海のスターバックスのカフェラテの価格は27元で、日本円換算すると５１３円。日本の同一商品の価格（３７０円）よりも１４３円も高いことになる。

中国が「何でも安い」と思いこんでいる人がいるとすれば、それは10〜15年以上前のイメージをいまだに引きずっている証拠である。

価格だけでなく、日本製品の品質のよさは中国人の間でも広く知れ渡っている。精密機械や工業製品などについてもそうだが、中国人が最も日本のことを「うらやましい」と思うのは、日本の日用品の品質の高さと安全性だ。

たとえばノートやボールペンなどの文房具、ストッキング、ティッシュペーパー、歯ブラシ、石鹸、紙おむつなどの品質の高さは世界的に見ても群を抜いている。

中国を旅したことのある人なら、日用品の品質の悪さにイライラしたことがあるのではないだろうか。

私はよく紅茶のティーバッグのひもを思い出すのだが、中国では五つ星以下のホテルに泊まったとき、紅茶のティーバッグをお湯に入れると、お湯の中でひもが離れてしまい、ティーバッグを引き上げるのに苦労する。品質が悪いからだ。ティッシュペーパーも紙質が悪く、鼻をかんでいると鼻が痛くなる。

食品も同様で、08年に粉ミルクに有機化合物のメラミンが混入するという事件があったが、中国では身近にある食品でさえ安全とはいえない。

近年、コンビニやスーパーの品揃えは充実してきて、かなりの商品が手軽に手に入るようになったのだが、まだ選択肢が少ない上に、品質では日本に遠く及ばない。日本の商品は種類も多く、台所洗剤ひとつ取っても、スーパーに何十種類と置いてあり、選択肢が豊富だ。

たとえ中国製でも〝日本で売られていること〟に意味がある

日本で売られている商品も、多くは「メイド・イン・チャイナ」だ。だが、多くの中国人は「日本市場で売られているものは、たとえメイド・イン・チャイナであっても、日本企業が製造するものだから信じられる」と口を揃える。

80年代以降、日本企業は中国に進出してモノ作りを行ってきたが、日本製品に対する信頼は非常に厚い。来日して買う商品が「メイド・イン・ジャパン」であればうれしいが、もし「メイド・イン・チャイナ」と書いていても、中国人は日本の市場で売られていることに安心する。

以前、湖南省で取材した富裕層から「日本はいいですね。ニセモノが存在しない国だもの」といわれてびっくりしたことがある。

日本にもニセモノがないわけではないが、中国は本物とニセモノが同時に存在する社会。普通に生活しているだけで、商品だけでなく、ニセ札をつかまされてしまうこともある。「いつニセモノを買わされるか」「この商品は本物だろうか」という疑念を持って暮らしている中国人からすれば、日本国内で販売されていること自体が信用の証しとなっている。

国内市場に対する根強い不信感がぬぐいきれないのだ。

三菱総合研究所主席研究部長で訪日中国人事情に詳しい佐野紳也氏は「中国人は同じ『中国製』でも、中国市場と日本市場では商品の品質が異なると考えているからだ」と話す。

インターネットのショッピングサイトなどで日本製品の輸入品を購入することはできるのだが、価格が2倍近く高い上に、本物かどうかわからないという不安もある。だからこそ、ビザが取得でき、自らの足で日本に行けるようになったら、自分の目で見て欲しいものを手に入れたいのだ。

また、SNSの普及も、中国人が日本を目指すことを助長している。この点について詳しくは後述するが、中間層以上の中国人はマスメディアの情報をあまりうのみにしない。彼らが頼りにするのは信頼する身内からのクチコミ情報である。

中国では現在、約7億5000万人のスマホユーザーがいるが、そこで最も利用されているアプリが「微信《ウェイシン》」（中国版LINE）だ。

ここで日本旅行に関する大量の情報が流れるようになり、「友だちが行くなら私も行きたい」「友だちが買ってきた○○を私も欲しい」といって、日本旅行熱に結びついた。

蜜月の時代に育まれた日本への憧れが今につながっている

これらが「日本に行きたい」主な理由だが、彼らの日本旅行を後押ししているものは他にもある。それは「知っているようで知らない国、日本」に対する中国人の潜在的な興味や関心だ。

日中には過去に暗い歴史があり、今もその影響を引きずっている。日中戦争の歴史をしっかり学んでいる中国人の中には、日本について厳しい意見を持っている人も多い。それなのに、「どうして急に彼らは日本に観光に来るようになったのか、嫌いではなかったのか」と不思議に思っている日本人は多いだろう。

もちろん、前述した理由があるからだが、それらは物理的な理由であり、本当はもっと内面的な理由がある。

確かに中国人は、とくに歴史認識や領土問題などの面に関して、日本には厳しい目を向けている。それは事実であり、今後もずっと変わらないだろう。

だが、それは彼らの日本を見る一面であり、すべてではない。ある面は許せなくても、だからといって日本のすべてを否定しているわけではなく、「ここはいい」と認めている部分もたくさんある。

とくに、現代の日本人の勤勉さや精密さ、協調性などは中国人が真似しようと思ってもなかなか真似できないところで、彼らは日本人のいいところは尊敬し、一目置いている。

日中は72年に国交回復して以降、「日中友好」という名のもとで80年代に蜜月時代を迎えた。ちょうど私の中学から大学時代であり、その頃の日中関係は非常によかった。その話を日中の若者たちにすると非常に驚かれる。

当時は高倉健、山口百恵といった日本人スターの映画やドラマが中国で大量に放送され、中国人は日本人スターに夢中になった。

高倉健が出演した映画『君よ憤怒の河を渡れ』（中国語タイトル『追捕《ジュイブー》』）は79年に中国で初の外国映画として上映され、大反響を呼んだ。

中国人の２人に１人がこの映画を見た、という情報もあるほどだ。中国では77年に文化大革命が終結したばかりで、海外の情報は一切入ってきていない暗い時代だったこともあり、多くの国民が「カッコいい健さん」に憧れた。それまで日本に対して抱いていた軍国主義のイメージが少しずつ薄らいでいったのだ。

山口百恵主演のドラマ『赤い疑惑』や、NHKの連続テレビ小説『おしん』も次々と放送された。85年に放送された『おしん』は視聴率が76%にも達した。これらの映画やドラマを見てきた人々は、現在50、60代を迎えており、「輝かしく経済発展する日本」を目の当たりにして、青春時代を送ってきた。

かつては日本製品を使うことなど夢のまた夢だったし、手が届かなかったが、今ではそれができるようになった。ただ経済的にそれを十分買えるというだけでなく、自分たちの生活がそれらの商品を使うレベルにまで達したという点も大きい。

80后は日本文化の〝ネイティブ世代〟

そして、日本のスターに憧れ、日本のヒット曲『北国の春』を聞いた世代の子どもたちが、80后《バーリンホウ》（80年代生まれ）以降の人々である。彼らも日本の影響を強く受けて育ってきている。つまり、中国人は親子二代で日本のエンターテインメントの影響を強く受けてきている、ということだ。これは日本であまり語られてこなかった点ではないかと思う。

私のこれまでの著書で詳しく紹介してきたことだが、日本のアニメは中国の若者に絶大な影響を与えてきた。80年代以降に生まれた中国人ならば、どんなに田舎の出身であれ、日本のアニメを見たことがない、という人はいないといっていい。

代表的なテレビアニメだけでも、『ドラえもん』『一休さん』『ドラゴンボール』『NARUTO』『スラムダンク』『クレヨンしんちゃん』『ONE PIECE』などがあり、これらを見た中国の若者は、勉強一辺倒ではない日本人の豊かな日常生活に驚き、「いつか日本に行ってみたい」「日本人みたいな青春を送ってみたい」と希望に胸を膨らませた。

彼らは今、20～30代半ばであり、中国社会をけん引していくボリューム層となっている。中国政府は89年の天安門事件以後、中国共産党の正統性を説く「愛国主義教育」を強化し、若者たちはこれを受けて育ったが、昼間は学校で日中の戦争の歴史を学んでいても、夜になれば日本のアニメに夢中になった。

両親とは違い、子どもの頃から比較的豊かに育ってはいるが、超競争社会の中国で勉強ずくめの生活を強いられてきた彼らにとって「日本人の日常生活」は興味の対象であり、大人になった今、「子どもの頃テレビで見た日本に行ってみたい」と思う人々は非常に多い。

靖国神社や日本のAVにも興味あり!?

このように、中国人が日本を目指す背景には、昨今いわれている経済発展の結果や円安・元高の影響など表面的な理由だけでなく、「本当の日本を知りたい」という強い欲求が隠されている。

中国のテレビでは連日どこかのチャンネルで抗日ドラマが放送されているが、ごく一部の人を除いて、抗日ドラマの内容を信じている人などいない。

老人でさえ「茶番」だと思って、ひまつぶしに見ているのだが、日中関係が悪化して以降、日本について報道する良質なドキュメンタリー番組が減り、日本についての情報は、SNSやネット記事などでしか入手できない。

北京の有名高校で学生や教師たち10人ほどと一緒にランチを食べたとき、30代半ばの教師から「日本について、もっと知りたいこと、疑問に思うことがたくさんあるが、今は情報がありすぎて、何を信じたらよいかわからない。中国で出回っている日本の情報をどうやって精査したらよいのか教えてほしい」といわれ、言葉に詰まってしまったことがある。

確かに、現在はプロパガンダの新聞メディアだけでなく、ＳＮＳの発達で中国人の日本に関する情報量は格段に増えた。

しかし、それが正しいのか、正しくないのかを判断する基準や材料はなく、各人に任されている。日本人が何を考えているか、日本人の普通の生活とは何かを知りたいと思っても、そうした大きなニュースにならない情報は、どこにも書いていないからだ。

日本での中国報道と同じく、情報量は多いのに、報道は非常に偏っているのだ。

中国人の日本のイメージの定番は「桜」「温泉」「ラーメン」で、これはずっと変わらないが、それだけでは満足できないし、それ以外にもきっとおもしろいところ、日本らしいところがあるのではないかと中国人自身も密かに思っているのである。

中国人が声をひそめながら「個人旅行で来日したら、ぜひこっそり靖国神社に行ってみたい」「日本に行ったら〝本場〟のＡＶ（アダルトビデオ）を見てみたい」と思うのも、定番コースにはない日本を知りたいという欲求からだ。

データで見る訪日中国人像

では、実際、どういう中国人が来日しているのだろうか。

観光庁の「訪日外国人消費動向調査」(14年)をもとに、来日している中国人像を書き出してみよう。

性別で見ると男女比はほぼ同じで、男女ともに30代が最も多く、次いで20代、40代の順となっている。来訪回数は「1回目」が55・8%で最も多く、2~5回目が29・8%。全体の半数が初めての来日だ。観光客の旅行形態では、団体が61・1%、個人が38・9%で、団体ツアーのほうが多い。

滞在日数は4~6日が66・2%で最も多い。これは前出のゴールデンルートと呼ばれる東京から大阪までの東海道を縦断するコースの日程とほぼ同じだ。

支出は「買い物」が55%、「宿泊」が19%、「飲食」が17%となっており、ダントツで「買い物」にお金を使っていることがわかる。買い物の場所は「空港の免税店」が最も多く78

％以上、次に「スーパー／ショッピングセンター」、「百貨店」の順となっている。

観光客の居住地域は上海市が最も多く、25％と全体の４人に１人の割合。次が北京市（17・３％）、広東省（10・５％）の順で、この３都市・地域だけで50％を超えている。１人当たりの所得では、上海市、北京市、浙江省、江蘇省などが多いが、三菱総合研究所の推計では、１人当たりの所得が２万５０００元（約47万５０００円）を上回ると、訪日観光客の割合が増える傾向があるという。

同研究所が作成した訪日中国人の所得ピラミッドによると、世帯年収50万元以上（約９５０万円以上）を富裕層、世帯年収20万～50万元（約３８０万～９５０万円）を高中間層と位置づけており、これらの層が欧米や日本に旅行に来ている人々だ。その下は、世帯年収10万～20万元（約１９０万～３８０万円）を低中間層と位置づけており、彼らが韓国やタイなどに旅行しているという。

来日している富裕層や高中間層は企業経営者や大手企業のビジネスマン、公務員などだ。プロフィルをまとめると、比較的年齢が若く、生活にゆとりがある都市部の人々を中心に、主に「ショッピング」を目的として初来日している像が浮かぶ。

農村戸籍の中国人にはハードルが高い日本旅行

中国人を見る上で日本人が知っておいたほうがよいと思うことがある。それは中国人の複雑な戸籍事情だ。見た目は日本人と同じ東洋人で、豊かになった中国人は「まるで日本人と同じ」ように見える。だが、中国は日本とは異なる社会体制を取っており、内部では大きく異なる部分も多い。そのひとつが戸籍だ。

中国の戸籍制度は日本と大きく異なっていて、都市戸籍（非農業戸籍）と農村戸籍（農業戸籍）の2種類に分けられている。都市戸籍は全体の約4割、農村戸籍は約6割といわれており、人口で見れば農村戸籍のほうが多い。

現在観光客として来日している中国人の多くは都市戸籍保持者だ。北京や上海など大都市で生まれ育った人々の多く（農村から出稼ぎで都会に出てきた農民工を除く）は都市戸籍を所有しており、これがあることによって進学や就職などの面で優遇されている。内陸部から来日している人々も農業には携わらない都市戸籍保持者が多い。

農村戸籍の人は北京や上海の大学に進学した際、一時的に都市戸籍の一種である団体戸籍というものに加入できるが、卒業してそのまま都市の企業に就職できない場合、戸籍は再び原籍に戻されてしまう。農村戸籍から都市戸籍に変更することも可能ではあるが、都市戸籍を取得するには非常に厳しい条件が課せられている。

農村から都会に出てきた人々が社会的に高い地位につきにくいのも、このように生まれながらの差別が存在するからである。

観光とは直接関係ない戸籍制度についてここで触れたのは、中国には日本人の知らないさまざまな国内事情や、一見しただけではわからない格差があるということを、少し念頭に置いてほしいと思ったからである。

これ以外にも、日本からは見えにくいが、中国には日本の何倍もの知的階層、経済的階層、地域差、年代差、民族差などがあり、中国人は〝格差〟の中で生きている。

「個人旅行者＝高所得者」といえるわけ

このことは、中国人観光客の団体旅行か、個人旅行かという分類とも関係する。日本人の場合、団体の海外旅行と個人の海外旅行には、経済的、社会的格差は関係ない。好みや日程、予算の都合があって、その結果、団体にするか個人にするか、旅行形態を選んでいるだけである。

団体であれば不便な場所にもバスで連れていってくれるし、言葉の心配もない。飛行機もホテルもすべて旅行代理店まかせでよいというメリットがある。団体行動が苦手だったり、すでに行ったことのある観光地で、ありきたりの旅行はしたくないという人であれば個人旅行を選ぶ。すべて自分で手配しなければならないが、個人旅行にはそれなりの面白みがある。

これが、日本人が旅行形態を選ぶ際の価値観と選び方だ。もちろん、所得が多ければ団体よりも個人を選ぶ確率は高くなるだろうが、必ずしもそういうわけではない。

しかし、中国人の団体旅行と個人旅行には、個人的好みだけではない許されない問題が関係している。前述した通り、ビザの取得は所得とつながっていて、政府が定める金額よりも所得が低ければ、どんなに個人旅行をしたくても個人ビザを取得することはできない。「個人ビザを取得できる＝所得が高い」ということの証明になっているのだ。ここが、日本との大きな違いであり、日本人がなかなか気づかない点だ（むろん、個人ビザを取得できる人は、それより条件が緩い団体ビザも取得することができる）。

第6章で詳しく述べるが、だから中国人富裕層が日本や海外に行って、最も嫌なことは、自分と階層が異なる中国人と同一視されることなのである。

来日している中国人は全人口のごくわずか

私はこれまで著書の中で、中国人はバラバラであり、「中国人」という名前の中国人は存在しないと述べてきた。１０００人いれば１０００通りの考え方があり、「まったく違う中国人」が存在する。

私たちはつい自分と知り合った中国人がまるで中国人の「代表」であるかのように錯覚するが、それは大きな間違いである。

日本人に置き換えてみれば簡単で、日本人にもいろいろな人がいる。それなのに、日本では一口に「中国人」と定義してしまうことが多く、「だから中国人は○○だ」と断言してしまいがちである。比較的平均化した社会の日本人と同じように見てしまい、多様な中国社会の複雑さを見誤ってしまうことがよくある。

中国は13億7000万人の人口を持つ多民族国家だ。国土は日本の26倍とあまりにも広大なために、日本人にとって隣国を把握することは非常に難しい。

中国人同士であっても、上海人は四川省のことを何も知らないし、雲南省の人は北京には関心もない。それどころか、お互いの交流もほとんどなく、方言もまったく異なるので、コミュニケーションを取ること自体難しい。

中国人はよく声が大きく、怒鳴っているようだといわれるが、お互いの立場や育った環境があまりにも異なるので、大きな声で何度も繰り返し説明しないと、自分の意思が相手にきちんと伝わらず、自分がいっていることも理解してもらえないからである。

ひとつの国でありながら、その中にいくつもの国がすっぽり収まっているようなものなのだ。

そんなバラバラな砂のような人々が集まった「中国人」が、15年には約500万人も日本にやってきた。日本人にとっては「一大事」だが、中国の全人口から見れば、ごくわずかだ。

広大な中国では、大都市の人口が300万〜500万人くらいあることはざら。日本の基準で考えず、中国の最先端の人々がようやく日本に来始めたばかりと思ったほうがよいだろう。

景気減速がむしろ「爆買い」を助長する

ここまで、中国人はなぜ日本を目指すのかについて、表面に表れている理由や潜在的な理由を述べてきた。

しかし、私にはさらに、彼らが爆買いする理由があると感じられる。15年に何度か中国取材に出かけたが、その先々で、爆買いにつながる萌芽《ほうが》が見つかったような気がした。

15年夏、中国の株価が暴落したことが世界を駆け巡った。中国危機が叫ばれ、景気悪化が伝えられていただけに、いよいよ中国経済が崩壊するのではないかと身構えた人もいたはずだ。早速テレビのワイドショーでは、景気悪化で爆買いがなくなるのではないかと銀座で街頭インタビューしていた。ある人は「確かにちょっと心配だから、節約しようかな」といい、ある人は「株をやっていないから自分には関係ないよ」と話していた。

日本にいると、まるで中国経済は今にも崩壊しそうだと感じるが、中国に身を置いてみると、それは現実を投影していないものだと痛感する。確かに経済成長は鈍化しているが、私には鈍化した今のほうが「中国社会はもっとよくなっている」と感じるのだ。

というのは、これまで一般的に中国は経済成長し、衣食足りて、人々の生活はよくなってきたといわれてきた（私自身もそう書いてきた）。

だが、豊かになって余裕ができたから礼節を知ったというのであれば、経済が鈍化したとたん、市民生活は荒廃するはずだ。だが、私の目にはそうなっていないように映る。

人々のマナーは1年前よりもよくなり、他人に対してもどんどん優しい社会になってきている。経済は悪いが、今は成熟に向かう踊り場にいるのであり、人々の生活は日本人のそれに近づいてきている。

そういう意味で、深淵《しんえん》では「中国の日本化」が進んでいると感じるのだ。

なぜなら、目が回るような急成長時代、全員成長は終わりを迎えて、優れたサービスやモノを提供できる者だけが生き残れる、真の競争社会へと中国が突入したのではないか、と感じる場面にいくつも出くわしているからだ。

たとえば、私が利用した中堅のホテルやレストランでも、相当に競争力が増してきて、その結果、サービスを向上させなければ顧客を確保できなくなってきており、以前に比べてサービスが非常によくなっていて感激した。

これらは少なくともＧＤＰ成長率が７％を優に超えていた00年代前半の高度経済成長期には見られなかったことだ。需要はいくらでもあるからであり、サービスする側があぐらをかいていても客はどんどんやってきた。

その場かぎりで客をだましても、別の客が無尽蔵にやってくるような時代だったからだが、そんな状態では真っ当な商売は伸びていかない。だから、サービスは少しもよくならず、客はひらすら我慢を強いられた。

しかし、経済が低成長時代に入り、社会全体が成熟化に向けてもがき苦しんでいる中で、徐々に正常な競争時代に入っていき、サービスや品質で劣るものは市場から淘汰《とうた》される時代に突入した。少なくとも、沿海部はそうなってきている。

その背景には、日本など海外を見聞したり、外国人と接したりする機会が増えたことが大きな刺激となっていることがあるのではないかと思ったのだ。

つまり、それまでほとんど海外に出たことがなかった中国人が初めて海を渡り、自分たちの国、自分たちがやってきたサービスを客観的に見ることができるようになったことが、自分たちの生活を見直すことにつながっているといえるのだ。

端的にいえば、よいものと、そうでないものを見分けられるようになってきたのである。爆買いといわれているが、日本で買ってきたものがよいのなら、「自分たちの国でも作ってみたい、作らなければいけない」というモチベーションにつながるはずだ。

今の日本に自分たちの未来の姿を重ねる

15年7月、上海を訪れたとき、久しぶりに中国人の旧友の王一凡氏に会った。彼は以前日本に留学していて、現在は上海で新規ビジネスを立ち上げているのだが、話している途中から爆買いの話題になった。爆買いは中国語にもなっていて、「爆买《バオマイ》（買）」という。中国メディアにも、一時期、連日のようにこの単語が載っていたのだが、彼の爆買いに対する見方は他の人にない、ユニークで新鮮なものだった。

彼によると、現在爆買いをしている人々は、日本に自分たちの未来の姿を見に行っているのではないか、というのだ。

「温水洗浄便座とか高級炊飯器はひとつの便利なグッズに過ぎません。収入が増えて、生活そのものをもっと質の高いものにしたい、見直したいと思ったとき、中国には質の高い生活に合う商品がまだ全然揃っていなかった。だから買いに行ったのです。でも、豊かになった中国人が欲しいのは、〝モノ〟ではなくなってきています。中国でもモノが揃うようになってきたとき、その次にはどんな生活が待っているのか、自分たちには何が足りなくて、この先、どうやって発展していったらいいのか、について考えているところなんです」

「多くの中国人は、日本は自分たちの未来の姿だと潜在的に感じているのではないでしょうか。だからこそ豊かになってきた今、未来の中国、日本を自分たちの目で見に行くのだと思います。私はそれが〝日本を目指す本当の理由〟だと思っていますよ」

なるほど……。

王氏の予測では、富裕層たちの爆買いはそろそろ終わり、日本社会の高度なシステムや人に優しい環境づくり、社会秩序、医療・福祉などを学ぶために日本に行く人が増えるのではないかというのだ。

突飛な発言に聞こえるかもしれないが、私自身もこのあと詳述する富裕層の取材を通して、同様のことを感じていただけに、王氏の言葉に納得した。

日本に自分たちの未来の姿を見る——。

そういう目で見ると、爆買いという現象から離れて、まったく違ったものが見えてくるのではないか。具体的には第2章以降で、彼らと私たちの間で今起こっている出来事や問題を取り上げてみたい。

第２章

現場で聞いた「中国人観光客の人気商品」

家電量販店なのに「南部鉄器」を買うの!?

博多港に停泊したクルーズ船から下りてきた４０００人以上の中国人観光客たち——。彼らが繰り出す先は福岡県内が中心だ。

太宰府天満宮、福岡タワー、キャナルシティ博多、ベイサイドプレイス、シーサイド百地のほか、大型のドラッグストアを回るツアーが多く、目的は主にショッピングだという。太宰府天満宮の近くにも免税店が増えており、見物もそこそこに、買い物に走る人が多いのだとか。

ツアーごとに乗客を乗せたバスを追い掛けて、私も取材に向かった。

ＪＲ博多駅から程近いキャナルシティ博多はショッピングモール、レストラン、映画館、ホテルなどがある大型複合施設。バスが最初に向かったのは、この中にあるラオックスだった。12年４月に「九州初出店、史上最大規模」というキャッチフレーズで開店し、面積は約４５００平方メートルと全40店舗中（15年９月時点）最大となっている。

家電量販店といえば、通常はスマホ、カメラ、パソコンなどが売り場の前面に置かれているが、同店は日用品や雑貨が目につく。爪切り、包丁、ステンレスボトル（魔法瓶）、美容家電、フェイスマスク、和風小物、おもちゃ、袋菓子、目覚まし時計など。もちろん、家電製品も一通りすべて置いてあるのだが、入り口付近は小物が目立ち、家電量販店というイメージからはかけ離れている。中国人たちはここで日用品や袋菓子などを次々と自分のカゴに入れていく。

そんな中、ひときわ目立ったのは、仕切られたスペースに展示してあった南部鉄器だった。一つひとつにスポットライトを当てて高級感を醸し出しており、中には専用の透明なケースに入っているものまである。まるで高価な宝飾品のような扱いだ。

南部鉄器は岩手県の伝統工芸品だ。職人技が光る商品は、日本人の間でも評価が高い。安いものなら1、2万円程度からあるが、高いものになれば数百万円か、それ以上にもなる。日本人にも「よいもの」という認識はあるが、飛ぶように売れるものではない。

それなのに「どうして産地でもない福岡に？　しかも中国人のお土産に？」と不思議に思う人がいるだろう。

在日中国人の友人によると、10年の上海万博の際、巨大な鉄器が展示されたことがきっかけで中国での知名度が上がったという背景があるようだ。

また、「南部鉄器でお湯を沸かすとお茶がおいしくなるらしい」というクチコミが中国のネット上で広がったことで、来日して買い求める人が増えだしたのだという。確かに、北海道の旭川空港でも、中部国際空港でも、それぞれ〝台座〟にうやうやしく鎮座する南部鉄器の売り場を見かけた。

私が見ているときに買おうとしている人はいなかったが、店員に聞くと、博多にクルーズ船が入港した日は「複数売れることが多いですね。こちらから説明しなくても、みんなよく商品のことを知っていますよ」ということだった。

中国人がなぜランドセルに興味を示すのか

意外な買い物といえば、こんなものもけっこう売れている。日本の小学生が使うランドセルだ。

空港内の免税店で見かけたことがあるという人もいるかもしれないが、今、中国人や欧米人に大人気なのだ。

ハリウッド女優がプライベートで真っ赤なランドセルを使っている、というニュースを聞いたことがある人もいるだろう。

私が訪れた中部国際空港の免税店でも見かけたし、友人は東京の山手線に乗っていたとき「中国語を話している女の子がランドセルを背負っていた」と教えてくれた。

上海に住む友人の中で、小学生の子どもを持つ母親を探して、ランドセルについて聞いてみたところ、こんな意見があった。

「娘は小学4年生ですが、日本人学校が近くにあって、そこの小学生が背負っているのを見て、『私も欲しい』といっていました。今度日本旅行に行ったら買おうね、と話しているのですが、まだその機会はありません」

山東省青島在住で、同じく小学生の子どもを持つ友人はこういう。

「うちの子どもには買っていませんが、知り合いの子どもが買いました。帰りの飛行機で背負って帰ってきたそうですが、大喜びだったみたいです。でも、色も形もきれいなんですけど、革が硬いのと、ふたの開閉がちょっと面倒なので、だんだん使わなくなったと聞きました。高いものなんですよねぇ」

私の直接の知り合いでランドセルを買ったという人はいなかったが、やはりその発色や、独特の形状に興味を持つらしい。

価格は3万~10万円ほどの高価なものだが「中国には存在しない日本製のカバン」なので、「自分用のお土産」にしたがる女の子が多い。

中国人のインターネット上での評判を見ると、「丈夫でしっかりしているから長く使えそう」や「アニメの『ドラえもん』でのび太が背負っていたものと同じ。自分も一度使ってみたい」といった意見が多い。アニメの影響で飛びつく子どもが少なくないのだろう。

余談だが、中国の小学生はどんなカバンで通学しているかご存知だろうか。地域や学校によって異なるので一概にはいえないが、たいていは各自が買った手提げカバンやショルダーバッグだ。統一したものはなく自由だ。

高価なカバンを持っている子どももいるが、古くてボロボロのカバンを持っている子どももいる。制服もジャージーで、価格は100~200元（約1900~3800円）程度の安いものだ。

▲「日本にしかないお土産」として中国人に人気のランドセル

北京で高校生の女の子に取材したときには「私たちの制服はどうしてこんなにださいのか。ダボダボだし、袖口はすぐに切れてほつれてしまうし、最悪です。安いので何枚も買えるからいいけど、こんなの嫌です。それに比べて日本では小学生全員がランドセルを背負っているっていうのは、驚きを通り越して衝撃です。中学や高校だけでなく、小学生でも制服がある学校もあると聞きました。全員が同じ制服や高価なランドセルを買えるということが、中国人には信じられません。それだけ貧富の差がないからできることなんですね」と話していたのが印象的だった。

スーツケースはお土産の持ち帰り用

東京・銀座で中国人に話を聞いて歩いているとき、複数の人が手に〝あるもの〟を持っていることに気がついた。スーツケースだ。

「なぜみんな真新しいスーツケースを持っているのだろう？」

気になって探してみたら、ある小さなカバン店に行きついた。銀座6丁目にあるユニクロから数軒離れた場所にある、間口の小さな専門店。人だかりがなかったら見逃してしまいそうなほど小さい。店頭に大きく「バッグどれでも5400円」という中国語の大きな表示があり、外にスーツケースが無造作に置かれているので見つけることができた。

入り口から店内をのぞいてみると、満員電車の中かと思うほどすごい人で、ごった返していて中に入れない。無理やり入ってみると、店内にも「5400円」のプレートが置かれ、スーツケース以外にショルダーバッグやハンドバッグ、ボストンバッグなどが飛ぶように売れていた。奥行きはかなりありそうだったが、とにかく人が多すぎて、中まで入っていくことができない状態だ。

入り口付近のレジで見ていたら、いちばん多く売れているのはスーツケースだった。

店から紫色の大きなスーツケースを押しながら外に出てきた男女に声を掛けてみると、吉林省から来たという20代の若い夫婦だった。

「気に入ったのがあったので買いました。夫婦でひとつだけスーツケースを持ってきたんです。日本でたくさんお土産を買ったらそれを入れて帰るつもりで。日本のスーツケースは丈夫で壊れないと聞いていましたし、デザインも豊富で色もカラフル。これで５４００円なんて信じられないですよ。明日中国に帰るので、これまでに買ったお土産をみんなこの中に入れます。日本の記念にもなるし、荷物も入って、一石二鳥でうれしいです」

確かに、大型バスを降りるとき、みんな小さなバッグしか持っていないのに、しばらくすると手に真新しいスーツケースを持っている人が多いので不思議に思っていたが、ようやく合点がいった。

５４００円は中国元に換算すると、約２８０元。北京や上海なら、ちょっと小奇麗な中華料理店で、二人で食事するくらいの金額だ。

それで何年も使える頑丈な「メイド・イン・ジャパン」のスーツケースが手に入るのならお得、と考える人が多いのだろう。

店の外には、中で買い物をしている人の家族が何人も待っていた。よく見ると値札やタグがついていたり、ビニールカバーを掛けたままのものを持っている。家族の一人が先に買って外で待ち、もうひとりが中に入るという具合で交代していた。

少し離れた場所では、歩行者天国の道路のど真ん中でスーツケースを広げ、買ったばかりの商品が入った紙袋を中に押し込んでいる人も……。団体ツアーではスーツケースを買うことが〝定番〟となっているのだ。

購買意欲をくすぐる北海道の試み

北海道では15年7月から外国人観光客向けに「HOKKAIDO PREMIUM TICKET」(北海道プレミアムチケット)という商品券を販売し、これが人気を博している。

北海道を訪れる外国人観光客が対象で、彼らの消費拡大などを目的とした買い物券だ。

発行は北海道で、運営はプレミアム旅行券運営事務局（ＪＴＢ北海道内）が行っている。

６０００円支払えば１万円分の商品券がもらえるという４０００円もお得なチケットで、１０００円の金券が10枚つづりで１セット。１人３セットまで購入することができる。

札幌・南千歳駅の線路沿いから見える「千歳アウトレットモール・レラ」でも取り扱っているというので、出かけてみた。

新千歳空港に最も近いアウトレットとして人気が高く、さまざまな有名ブランドを１３０以上も取り揃えている。ここでの人気はこれらの欧米ブランドとラオックス、そしてドラッグストアだ。

同チケットを取り扱っているのは、レラ内の外国人専用のインフォメーションカウンター「レラ・トラベルサロン」。14年12月にＪＮＴＯの外国人観光案内所として指定を受けた。同案内所は外国人が安心して旅行できるように政府が推進しているもので、ＪＮＴＯが認可を行っている。

受け入れ態勢に応じて「カテゴリー１」から「カテゴリー３」まで3段階に分かれており、「カテゴリー３」が最も広範囲の案内ができる。ここは「カテゴリー２」を取得し、「英語や中国語が話せるスタッフが常駐している」（レラの総支配人、粟津義幸氏）。

15年9月上旬。午前中にサロンに足を運んでみると、20人ほどの中国人がカウンター前に列を作っていた。列の先頭を見ると、それぞれが手に小さなトレーを持ち、中に1万円と申し込み用紙、パスポートを入れていた。

北京から来たという女性は「お得な商品券があると聞いていたので、日本円を準備していました。これを使って今からブランドものを買おうと思っているんです。ここはブランドものが一ヵ所にまとまっているのでとても便利。日本のものはすでに買ったので、ここで海外ブランド品を買います。急がなくちゃ」とうれしそうだった。

古書や骨董品の「爆買い」は投機目的？

中国から高名な学者が来日すると聞いて、都内で行われる講演会に出かけた。気さくな人柄として知られるその男性は、講演会の冒頭、来日して驚いたという自身のエピソードから語り始めた。

「昨日、本郷にある東京大学を訪ねたんです。その前にちょっと古本でも見ようかと思って、大学の近くにある古書店を見に行ったんですね。しばらく店内をうろうろして、欲しい本があったので一冊だけ買ったんです。すると、店主が声を掛けてきました。きっと私が中国人だとわかったんでしょうね。何でも、最近中国から学者だけでなく〝業者〟っぽい人が続々とやってきて、日本の古地図とか中国関係の全集なんかを大量に買って帰るんだそうです。ときには数百万円もする本を買うこともあるとかで、これが日本で流行っている『爆買い』というものですか、と私は恐れ入りました（笑）」

朴訥《ぼくとつ》とした話し方で、日本人の間でホットなテーマ「爆買い」について一生懸命語ろうとするところに、なんだか好感を覚えた。

そういえば、東京・神田神保町にある古書店に行ったとき、私も中国人を見かけた。在日中国人ではなく、観光客のようだったが、店頭にある80年代のアイドル雑誌を数冊手に持ち、他の古い雑誌も物色しているところだった。

「もしかして、この人は日本オタク？」と思い、そのときは気にも留めないで通りすぎてしまったのだが、日本にはかなり多くの古書店がある。北京や上海にもあることはあるが、日本ほど古書の市場が充実しているわけではない。

多くの中国人は古いものをあまり大事にしない。大事にするとすれば、それは資産としての価値が出る、という投機の目的がある場合だ。純粋にその書物を大事に取っておきたい、と思う日本人のような人は少ない。

そんな中国人からしてみれば、日本には投機の対象となるものがたくさんある。東京都内だけでも年に何度も大きな古書市が開催されるほど、さまざまな専門分野の古書が保存され、売買されている。

それらの中には中国の歴史や美術に関する書籍も多数ある。美術品や骨董《こっとう》品そのものも「爆買い」されていると聞くから、古書の市場にも広がっていてもおかしくない。

最高級のお酒を選ぶのにはわけがある

地方都市でも中国人観光客は頻繁に目撃されるようになったことはすでに述べたが、岐阜県高山市を訪れた際にも同様だった。

15年9月のシルバーウィーク初日。JR高山駅から徒歩10分ほどの場所にある観光施設「高山陣屋」のそばにある中橋のたもとで、20数人の中国人団体観光客を見かけた。中秋節や国慶節といった大型連休の直前だったが、明らかに個人客だとわかる若い男女のカップルや夫婦連れもいた。

ここで中国人に人気のある日本酒があると聞き、訪れた。

高山市上三之町の「古い街並」に立つ舩坂《ふなさか》酒造店は２００年の歴史を持つ造り酒屋だ。風情のある酒蔵のほか、売店、レストランが同じ敷地内にある。中庭では西洋人が升で日本酒を飲んでいた。

社長の有巣弘城《ありすひろき》氏は「中国語を話すお客様が明らかに増えましたね。中部国際空港に中国からの便が増えているからかもしれませんし、ゴールデンルート以外を好まれて来られるようになったのかわかりませんが、中国人の場合、欧米人と比べると、〝贈答用〟として日本酒を買っていかれる方がとても多いですね」という。

中国人が求めるのは同店で最高級の日本酒「四ツ星」（７２０ml）だ。価格は５０００円と日本酒としては高価だが、中国人の場合、「友人にお土産として渡したいので、高価でも構わない。持っていって喜ばれるもの、渡して恥ずかしくないものが欲しい」と要望するため、同商品を薦めているという。中には3本、５本、10本も買っていく人もいるそうだ。

他に人気があるのは金箔入りの梅酒「梅子」。取材に訪れた日はすでに完売していたが、甘い酒を好む傾向があるそうで、これも売れている。

古い町並は伝統的な建造物が並び、日本の情緒を感じさせる。欧米人が高山を好むのも、こうした〝日本らしさ〟にあるのかもしれないが、それが中国人などアジア人にも広まってきているようだ。

富裕層を狙った世界遺産周遊タクシー

日本らしさといえば、やはり富士山を思い浮かべる外国人が非常に多い。ゴールデンルートの途中で必ず箱根を通り、新幹線に乗車するのも、富士山の景色がよく見え、自慢に値する記念写真が撮れるからだ。

そうした外国人富裕層や日本の高齢者を対象として、15年9月、国際自動車は「世界遺産周遊タクシー」のサービスを開始した。旅行代理店を通さずに電話予約でき、最大6名までジャンボタクシーに乗って日帰り旅行ができるというもの。モデルコースは10コースあり、主に「富士・箱根観光」と「富岡製糸場と群馬観光」の2つに分かれる。6名で乗車した場合、1人当たり1万円前後と安くなる上、都内から目的地までの往復8時間がセットになっている。ドライバーの案内は基本的に英語だが、中国語を話せる乗務員も20人ほどおり、中国やアジアの観光客に期待を寄せている。

「富士・箱根観光」にアジアからの観光客を乗せたことがあるというドライバーの山本泰一氏から話を聞いた。

「先日、インドやインドネシアのお客様を乗せました。中国の方も同じですが、富士山を見たいという気持ちがとても強いですね。ご案内した日は曇っていてよく富士山が見えなかったので、急きょ通常コースから少し外れて、山中湖、河口湖、最後に5合目までお連れしました。最終的に富士山が見られたので、とても満足してくださいました」

同社では外国人観光客の増加に備え、英語と中国語のドライバーを養成しているが、営業部の石川智文氏は「お客様やホテルからの問い合わせはとても多いですね。中国の方はホテルのコンシェルジュを介して予約が入ることもあります。個人旅行だと、自分たちだけで東京から富士山に行くのは難しいので、利用したいという方もいます」と話している。

売れるのは欧米ブランドよりも日本ブランド

日本らしさを求めてやってくるという話は、東京にある伊勢丹新宿本店でも聞いた。同店は昔も今もファッションでとくに高い評価を受けている老舗百貨店であり、多くの日本人にとって憧れの存在だ。ファッションに敏感な日本人が遠方からわざわざこの店を目指してやってくるが、中国人観光客も「日本旅行の訪問地のひとつ」としてやってきているという。その多くは個人客か、自分たちだけで手配したツアーできている人々だ。

中国人に売れているものは何なのだろうか。

前述した同社営業本部の堀井大輔氏は「化粧品、宝飾・時計、欧州や日本人デザイナーによるハイエンドブランドが売れていますね」と語る。ハイエンドブランドは洋服よりもバッグや靴などの雑貨に人気がある。

売れているものは日本人の傾向とまったく変わらず、「とくに中国人だからこれを買っているというものはないんです」と強調する。

意外だったのは、彼らは「日本の百貨店にやって来る明確な動機があって、欧米ブランドよりも日本ブランドのほうにより関心を持っている」（堀井氏）ということ。新宿店の外国人による化粧品売り上げベストテンのうち、9ブランドは日本メーカーで、お店全体のブランドで見ても、売上高の高い上位20ブランドのうち7、8は日本ブランドだという。

堀井氏が中国人観光客の洗練度がアップし始めたと感じたのは12年ごろからだ。紳士服を例に挙げると、それまでは誰でも知っているような欧米ブランドが売れていたが、しだいに日本人もまだあまり知らないようなクリエーターズ・ブランドが売れ始めた。

同インターナショナルクリエーターズセールスマネージャーの石田修平氏も「ここ数年、日本人デザイナーの服に注目が集まっている」と実感している。

「メンズ館の2階は国内外の先進・先鋭のクリエーター、デザイナーブランドを扱っていますが、日本人ブランドの人気が高いです。中国から2、3ヵ月に1回、定期的に買い物にやってくるというお客様がけっこういらっしゃって、サイズの修理やお直しなどの受け取りについて『またすぐに来るから、次に来たときでいいよ』というほどです」

「圧倒的に支持されているのはロゴや文字など、誰から見てもブランドがわかるアイテムです。入荷後、すぐに売れてしまうため、品切れになることも多いです」

不動の人気を誇るのは、黒を基調にした独自のスタイルが特徴の日本を代表するデザイナーブランドだ。オーバーぎみのシルエットがサムライらしさなど〝和〟を想像させるのか、ブランドの売上高の40％は外国人だという。海外でも販売されているブランドだが、日本だと品揃えが豊富な上、限定品もあるため、わざわざ日本まで買いに来る顧客が多いそうだ。

他にも藍染めの素材を使ったコレクションや、メイド・イン・ジャパンのサングラスなどが売れているという。男性ブランドでも、「日本らしさ」が人気の秘密だ。

特徴的なのは、顧客は事前にファッション専門のウェブサイトを見るなど情報を収集しており、あらかじめ見定めたアイテムがあるということ。それを店員に伝えて売り場に直行し、迷うことなく買うという点だ。

「最初から品番も調べてきていて『これが欲しい』と指名買いするケースが多いです。欧米人の場合、試着して、自分が着たイメージをチェックしてから購入しますが、中国人の場合、試着はあまりせず、即座に購入していきます」（石田氏）

来店するのは20、30代のファッションに敏感な男性が多く、場合によっては１回の買い物で30着、１５０万円以上も買って帰ることもある。持ち帰るのが大変なので「何とかして中国まで送ってくれないだろうか」という要望すらあるそうだ。

日本で流行りつつあるブランドについても関心が高く、国内でなら受け取れるブランドの新規入荷情報を、その顧客の日本に住む知人に伝えてほしいと頼む人もいるという。

前述の堀井氏は、「当店では『爆買い』している様子はまったくないです。同じ単品を大量に買っているわけではないですから」と語る。

「自分のライフスタイルに合わせて、洗練された買い物をしている中国人の方が多く、ファッションに関しても、日本人とまったく同じ感覚です。その証拠に、新宿店の売り上げのピークは1月と7月のクリアランスセールの初日なのですが、中国からも多くお越しになります。中国でも先端をいく方々にはショッピングツーリズムが定着しつつあることを実感しています。そういう方々に向け、日本にしかない魅力的な商品を提案していかなければいけないと感じています」

伊勢丹は中国の天津、成都、上海などで5店舗展開しているが、上海梅龍鎮《メイロンジェン》伊勢丹では、一時なくしていた紳士服売り場を復活させた。東京のメンズ館ができたのは03年で、当時「男性が自分の服を自分で買うようになった」とニュースになったが、その流れが今、中国にも押し寄せている。おしゃれな男性が中国でも増えているのだ。

中国から来日する人々が千差万別、さまざまであることをまるで象徴しているかのように、ステレオタイプの〝定番〟に群がる人々がまだ存在する一方で、最先端では日本人もまったく知らない現象がすでに起こっている。

中国という国の奥行きの深さが、そのまま買い物の仕方にも表れているのだ。

第3章

複雑な社会からわかる
モノが売れる仕組み

“特定の商品”ばかりがなぜ売れるのか

「関西のドラッグストアを取材したんですけどね。先月から子ども用の風邪薬がすごい勢いで売れているそうなんです。お店の人も不思議がっていたのですが、いろいろ取材しても原因がわからないのです。どうしてかわかりますか？」

15年6月ごろのことだ。知り合いのメディア関係者からメールがきた。

この手の問い合わせはけっこうよくある。

「急に○○が売れ始めたけど、中国で何か宣伝があったのだろうか」

「中国人の間では、どういうふうに日本の情報が出回っているのか」

日本人が疑問を抱くのは当然である。

「爆買い」という言葉にも表れているように、ある日突然、ひとつの商品が爆発的に売れたら、誰だって驚くだろう。

ある商品だけが短時間に品切れとなってしまい、在庫の確保ができずに困ったという小売店の話を聞いたこともある。

取材で知り合った北京在住の劉静華氏も、こんな話をしてくれた。

「友人の微信《ウェイシン》のタイムラインで『日本で買うべき12の薬のリスト』というものが出回ってきました。同年代の友人が買ってよかった風邪薬、湿布薬、のど薬などがその中に含まれていたんです」

中国でも薬局で市販薬を売っているが、種類は多くなく、ドラッグストアという形態もわずかしかない。病院に行くほどではないが、ちょっと体調が悪いときに常備薬として家に置いておきたい、という薬は中国には少ない。劉氏は喜んで友人が薦めてくれたリストを保存し、日本旅行に出かけた。

フリータイムにドラッグストアに行ってみると、スマホを取り出すまでもなく、「日本で買うべき薬のリスト」というＰＯＰがあったので商品はすぐに見つかった。店頭のわかりやすいところに大量に置かれていたからだ。

「便利だな」と思った半面、どうして外国人である自分（中国人）が欲しいものが、こんなに遠く離れた日本ですぐに手に入るのだろう。そして、どこからそんな「薬のリスト」が出てきたのだろうと不思議な気持ちになったという。劉氏はネットに詳しいわけではないので、さっぱりわからなかった。

「日本で買うべき12の薬のリスト」などは14年後半に、微信上の旅行サイトで話題となり、たちまち中国人たちの間に広まった。

リストには具体的に「熱さまシート」「サカムケア」「龍角散」「サロンパス」「命の母」といったブランド名が記されている。来日する中国人観光客たちがこぞってその情報をもとに買い求めたため、品切れになるという現象が起こった。この情報が日本のメディアにも伝わり、日本語でも紹介されて話題となった。

商品が数点リストアップされている小林製薬の社長、小林章浩氏は15年7月の事業説明会でこの点に言及し「売り上げが伸びた」と喜んでいた。

冒頭の「子ども用風邪薬」も、微信上で情報発信があり、それに飛びついた人々が、同時期にドラッグストアに殺到した結果だと考えられる。

今、ドラッグストアをはじめ、雑貨店などでもこのような現象が起こっている。一つひとつ情報源を探し出して原因を特定することは困難だが、以前取材した福岡のドラッグストア、ドラッグオンでは、「売れ筋を外さないように、上海に駐在しているスタッフが流行をチェックしている」と話していた。

今や日本人のまったくあずかり知らないところで、中国のSNSから発信された情報が、日本の小売店の売上高や品揃えにも影響を及ぼすほど、大きな影響力を持つまでになってきている。

多大な影響力を持つ独自のネットワーク「朋友圏」

SNS情報が流れるのはほとんどの場合、スマホだ。中国人はパソコンよりもスマホを愛用し、四六時中スマホを手放さない。そこで最も活用されているのが先ほども登場した微信というアプリだ。同年3月末の時点で、月間アクティブユーザーは人口の3分の1を超える5億人を突破した。

微信はフェイスブックとLINEをミックスさせたようなもので、投稿した情報を友人とシェアしたり、個別にメッセージを送信したりできる。微信でタクシーを呼んだり、料金の支払いもできるなど、日常生活にも役立つという点で先進的なサービスだといえる。

若者から老人まで幅広い層が使用しており、微信をやらなければ友だちとの情報交換についていけないほど、中国では普及している。

私の友人もほとんどが微信を使っている。パソコンメールを送っても1週間返事がなかったのに、微信からメッセージを送ったら3分後に返事がきたという経験を何度もした。日本にいても、微信がなければ、中国人と頻繁にコミュニケーションすることはできない。中国人は仕事の連絡も微信を使うことが多いからだ。

中国人の消費行動に詳しい中国市場戦略研究所の徐向東氏は「中国人には非常に強固なクチコミのネットワークがある」という。

「一般的に中間層以上の中国人は国営マスメディアの情報をうのみにしない傾向がありましたが、そんな彼らが信頼を寄せているのが家族や親戚、親しい友人など『身内』からの情報なのです」（同）

スマホの爆発的な普及で、クチコミがネット空間に移行した。

特徴的なのは「朋友圈《ポンヨウチュエン》」という友だちのサークルだ。

「家族や親戚、会社の同僚、学校の同級生、地元の幼なじみなど複数のサークルに入っているのが普通です。ほら、私もこんなにたくさんのサークルに入っていますよ」。徐氏が見せてくれたスマホには数えきれないほどたくさんの「朋友圈」があった。

「朋友圏」は「圏子《チュエンズ》」とも呼ばれ、友だちのサークルであり、自分だけの人脈のことだ。「関係《グアンシ》」（＝コネ）といってもいいかもしれない。学校や会社で一緒になったことがなくても、どこかで知り合い、社会的な階層が近く、価値観や学歴、趣味、嗜好が似ている人なども含まれる。

ＳＮＳが発達したために昔の友人とつながったという経験が中国人にもあるが、どちらかというと、現在の仕事や社会生活で付き合っていて、深くつながっていることが大きい。日本人もフェイスブックやＬＩＮＥをやっている人は多いが、仕事だけでなく遊びの要素が大きい日本と比べ、中国ではリアルな人間関係や仕事と直結している。

その自分を中心とした「朋友圏」で日本旅行に関する情報が出回るため、特定の商品だけがヒットするという現象が起こる。

「公式アカウント」と「代購」の仕組みとは

「日本で買うべき薬のリスト」などの情報は友人がシェアすることもあるが、多くは公式アカウントから発信される。

公式アカウントは、個人が趣味で運営している場合や企業がビジネスでやっているものがある。日本製品のネットショップ業者が一人でやっている場合もあり、一部は転売ビジネスともつながっている。

私も微信を始めてからいくつかの公式アカウントをフォローするようになったが、ほぼ毎日新しい日本情報が流れてきて、とてもすべてはチェックできないほどの情報量だ。

お花見のシーズンならば、おススメのお花見スポットや、関連した施設の案内、おいしいラーメン店の特集など、シーズンに合わせて趣向を変え、さまざまな情報を取り上げている。

「○○リスト」もこの中にある。情報をクリックして見ていくと、いちばん下に関連した商品を販売するページがあったりする。

転売業者が、すでに人気になっている商品や、大量に仕入れていて、これから販売したい商品を紹介するのだ。いわば、本文はその商品に誘導するための広告の役割を果たしているといってもいい。

こうしてさまざまなリストが出回るために、在日中国人や留学生などが、中国のネット業者などに頼まれて（あるいは自分から営業して）、中国人が欲しい商品を購入し、中国に郵送する「代購《ダイゴウ》」（代理購入の略）と呼ばれるビジネスをしている場合もある。

本来、日本から輸入した商品ならば関税や増値税（日本の消費税に相当）がかかるので、中国に持っていけば料金が跳ね上がるはずだが、それらがないため、中国で安く販売できる上、日本から発送する側には手数料が入るという仕組みだ。

中国では代購による金額があまりにも大きすぎて、脱税で摘発されるケースが少しずつ増えてきているという。

「代購」は留学生たちのおいしいアルバイト？

友人から代購をやっているという中国人を紹介してもらった。

都内の大学院で学んでいる25歳の女性だ。

最初は故郷に住む高校時代の友人に頼まれた商品を買って送ってあげているだけだった

が、送る前に微信で「こんな商品を買いました。日本ですごく人気があるんですよ」とメッセージつきで写真を添えてみたところ、他の友人から反響があり、しだいにアルバイトとしてやるようになったという。

「いちばん多い注文は化粧品ですね。頼まれたことがあるのは『ファンケル』とか『アルビオン』『SKⅡ』など。他に、友人の親からの注文で、湿布薬とか目薬、健康食品もありましたね。微信に入っている決済機能があるアプリ『支付宝《ジーフーバオ》』（アリペイともいう）で代金を払ってもらい、入金を確認してから中国に送りますので、安心です。手数料は代金が1万円未満だったら20～25％、1万円以上だと15％に設定しています」

1ヵ月のアルバイト収入は8万～9万円くらいで、定期的に注文する人と、単発で頼んでくる人がいるという。友人の紹介で、会ったことがない人からの注文も増えてきた。

この女性は日本の民間企業から月10万円の奨学金を受け取っているが、アルバイト代に加え、両親からの仕送りもあるといい、留学生として生活レベルはかなり高い。

他の中国人の友人でも代購をやっている人は多いといい、「日本に住んでいるだけでこんな副収入があるなんて、私は本当にラッキーです。私のいとこも数年前に日本留学に来ていたんですが、こんなおいしいアルバイトはなかったので、レストランで働いていました」と話していた。

このようにして、いくつもの「買うべきリスト」が微信上に大量にアップされ、在日中国人からの「おススメ」情報なども流れてくるため、〝作られた流行〟に乗って、ある時期、特定の商品ばかりが爆発的に売れてしまう。

こうした話を聞くと、日本人としては微妙な心境になるが、現にリストの中には日本人の間で〝本当に売れているもの〟も含まれているだけに、信ぴょう性がないとはいえない。日本で放送されているドラマが、放送の１時間後には中国のネットで、中国語の字幕つきですぐにダウンロードできるのと同じように、日中間の情報に時差はもうほとんどなくなっているといっていい。

公式アカウントの中には、個人的によかれと思って発信しているものもあり、すべてが購買につなげようというものではない。情報の真偽を精査することは難しいが、マスコミ情報よりも友人からの情報を信頼する中国人だからこそ巻き起こっている現象だろう。

在日中国人は情報の発信源

在日中国人の中には、アルバイトで代購をしているだけでなく、純粋に親切心が高じて友人の案内をしている場合もある。何しろ在日中国人は14年末の時点で約65万人もおり、全外国人の中で最多だ。

中国人は日本人よりも地縁・血縁を大事にするが、高校時代の仲間や親戚、その他、親の紹介で来日した人を案内して、半ばボランティアで各地に出かけている。

知り合いの中国人留学生もそのひとりだ。公務員の父親からの仕送りが十分にあるため、友人に「東京を案内して」といわれると、自分なりにネットで情報を探して、自分が行ってみたい店や、これまでに行ってよかった店などに連れていくのだ。

好評だったのは居酒屋チェーン、磯丸水産だ。中国には「居酒屋」という形態がないため、居酒屋でつまみをたくさん注文するスタイルに憧れを持つ人が多い。同店は都内を中心に80以上の店舗があり、24時間営業を行うことで有名だ。

「たとえば御殿場のアウトレットに出かけて帰りが遅くなったとしても、深夜でも入れるので安心なんです。日本の漁港のイメージもあるし、海鮮料理をあまり食べたことがない中国の友人にはたいてい喜ばれます」

帰国した友人が微信で店の情報やメニューの写真を次々とアップしているため、「私の高校時代の友人のネットワークの間でだけは磯丸水産はすごく有名なんですよ」と笑う。

別の在日中国人の女性が薦めるのは、東京・飯田橋にある東京大神宮だ。ここは縁結びの神様として知られているが、この女性が微信で破魔矢《はまや》（神社で授与される矢）の写真を紹介したところ、多くの〝引き〟があり、コメント欄にたくさんの質問が寄せられた。

「これ、何？　何に使うもの？」「きれい。こういうもの初めて見た。どういう意味があるの？　宗教的な意味があるのよね？」「すごく日本っぽい〜。私も欲しい。買って送って」などが寄せられて、投稿した本人のほうがびっくりしたという。

この女性自身、それまで破魔矢の存在を知らなかったが、「友だちが日本に興味を持ってくれてうれしかった」といい、その後も意識的に日本の神社やお寺の情報を微信に流すようになった。神社の巫女《みこ》の衣装や、縁結びのお守りも中国人に大反響だった。

最近増えているのは親の友人などから、工場見学の申し込み代行を頼まれることだ。日本旅行のついでに、せっかくだから日本企業の工場も見てみたいという要望だ。

「仕事としてやればかなりの収入になるのでしょうけど、私はあまりそういうのは好みません。代購もお金にはなるけど、私はせっかく日本にいるんですから、日本だけにしかない情報や、自分が発見した情報をもっと中国人に伝えたい。それが自分の役割だと思うんですよね」と話していた。

中国人が〝日本攻略〟に活用する旅行サイト

日本に頼りになる中国人の友人が住んでいればよいのだが、必ずしもそうとはいえない。そんな中国人旅行者が活用しているのが、旅行サイトの存在だ。日本語では旅行誌サイト、旅行情報サイト、旅行クチコミサイトなどという名前で紹介されている。

それは「去哪儿《チーナー》」「穷游《チョンヨウ》」「百度旅行《バイドゥリーシン》」「携程旅游《シエチェンリーヨウ》」「蚂蜂莴《ルーフォンウォ》」「驴妈妈《ルーマーマー》」などのサイトだ。日本に限らず、国内外を旅行したことのある中国人に聞いてみたら、きっとこれらのサイトを見たことがあるというだろう。

サイトの発信者は日本旅行に詳しい個人や旅行関連ビジネスを行う企業など。これらのサイトにはその名も「攻略」というページがあり、独自に旅行プランを作成できるようになっている。彼らはまるでゲーム感覚でおもしろがりながら、一つひとつの項目（ホテル、レストランなど）を〝攻略〟しながら、日本旅行の計画を立てている。

「去哪儿」サイトを見てみると、トップページには飛行機の予約画面が出てくるが、「攻略」をクリックすると目的地が出てくる（国内版、海外版のページがあり、日本以外にも多くの国の旅行情報が載っている）。

たとえば「日本↓名古屋」と入力してみる。すると、名古屋の街紹介、交通、路線、風景、美食、ホテル、ショッピング、その他などが選べるようになっている。

さらに予定する滞在日数、旅行者の構成（親子か、夫婦か、友だちか）、具体的な予算、目的（買い物か、食事か、景色か）などの項目が出てきて、それらに沿って入力していくと、自分たちの旅行にぴったりなプランがいつの間にか完成するという具合になっている。

他のサイトも少しずつ内容は異なっているが、同じように、順々にクリックしていくだけで「自分だけのオリジナルプラン」を組み立てられるようになっており、そのために必要な航空券やホテルの予約、アクセス、所要時間まで出てくるので、旅行までの間にどう

▲中国人が日本攻略によく使うサイト「去哪儿」

いう準備をしたらよいのかもわかる。

また、過去に旅行したことがある中国人の実際のプランも出てくる。旅行先の感想や、買ったものでおススメのもの、どんなレストランで何を食べたか、メニューは何かなども、同サイト上にブログのように書き込まれている（閲覧数、コメント数、その感想文を参考にした人数まで表示されているので、それらを読んで自分なりに判断できる）。

個人の旅行記なので、情報の精度はさまざまであり、たまには間違った情報も混ざっているようだが、日本旅行を〝攻略〟するひとつの情報源として役立てている人が多い。

ガイドブックよりもスマートフォン

かつては書店に並ぶ「日本旅行」関連のガイドブックを手にしている人もいたが、もうそんな人はほぼ皆無に近く、ウェブサイトをプリントアウトする人すらいなくなった。誰も彼もスマホで情報を収集し、1日単位、いや1時間単位でそれをアップデートしている。

以前取材した日本のある地方の観光関係者の方から、前述した旅行サイト「穷游」についてのエピソードを聞かせてもらったことがある。

その方が勤める観光機関のサイトには、中国人からダイレクトに「〇〇線の切符は事前に購入することができるか」や「〇〇行きのバスの時刻表を教えて」などのメールが頻繁に入り、個別の細かい問い合わせにも応じているそうだが、知り合いのツテをたどって「穷游」のスタッフに直接コンタクトしたことがあるそうだ。

その方は、サイトのスタッフが、少なくとも1年に1、2回は日本に取材に来ているだろうと思い「地元のレストランの情報を載せてほしい」と頼んでみたところ「実は、日本には一度も行ったことがない」という答えで驚いたという。

サイト上には膨大な日本情報が掲載されているのに、それらはすべてネット上で仕入れた情報の組み合わせだったというのだ。

そして「そちらが載せたい施設とか、新しい情報があったらどうぞ教えてください。載せますよ」とあっさりと承諾してくれたというのだ。

この方はいう。

「数年前まではこちらがお金を出してカリスマブロガーを招待したり、いろいろプロモーションの仕掛けをしたのですが、今は立場が逆で、私たちのほうが売り手市場になっているんだと実感しました。最新の情報をきちんと提供すれば、中国側は喜んで載せてくれるし、ありがたがってくれるような時代になったんです」

中国人旅行者向けドラッグストアの独自戦略

旅行サイトには必ずドラッグストア情報も載っている。マツモトキヨシやツルハ、サンドラッグといった有名チェーンも掲載されているが、福岡には、ある特徴的なドラッグストアがある。

福岡など九州3県でチェーン展開しているドラッグオンだ。中国人インバウンド関係のドラッグストアとして、知る人ぞ知る存在だという。たまたま東京在住の中国人から同店の名前を聞き、取材を申し込んだ。

福岡空港から南に車を走らせた郊外にある福岡店は、広さ約600平方メートル。郊外型としては標準的な面積だ。

外観を見る限り普通の店舗のように見えるが、違うのは駐車場に並んでいるのが乗用車ではなく、観光バスという点だろうか。

同店はクルーズ船でやってきた中国人観光客のコースのひとつとなっており、午前から午後までの数時間、ひっきりなしにバスがやってくる。

店内を見渡すと、さらに〝違い〟を鮮明に感じる。ほとんど日本人がいないのだ。そして、商品の種類が圧倒的に少ない。ひとつの棚に同じ商品が大量に積み上げられている。

どうしてこんな陳列の仕方をしているんだろう？

同社営業本部長の馬衛鋼氏が疑問に答えてくれた。

「一般的にこの程度の店舗では2万点程度を取り揃えるところ、当店では1600〜2000点に絞り込んでいます」

最初から売れ筋が決まっていて、まとめ買いをする客が多いので、在庫切れを防ぐために商品点数を絞り込み、それだけを陳列している。サイズもほとんどは一種類。「中国人は割高な小サイズよりも、単価が安くなる大サイズのほうを求めるから」(馬氏) だ。

この話を聞いて、以前、中国のスターバックスではスモールサイズは置いていなかったことを思い出した。同じ商品ならば、中国人は得なほうを求める傾向が強いので、大サイズの人気が高いのだ。

バックヤードに在庫は置かず、仕入れたらすべて店頭に出すようにしている。店内がまるで倉庫のように見えたのだが、それは一つの商品を大量に並べているからだった。

POPやパネルで表示されているのは「日本で買うべき12の神薬」という中国語の表示だ。目薬や絆創膏《ばんそうこう》、のど薬などがあり、同店ではそれらをわかりやすく一覧表にしている。

▲ドラッグオンで熱心に買い物をする中国人観光客たち

日本人客よりも手厚い接客サービスが必要

店内を歩いていて不思議に思うことがあった。客に比べて店員の数が非常に多いのだ。

聞いてみると、同規模のドラッグストアであれば、通常6人程度で接客するところ、同店では10倍の60人体制で対応しているという。

「日本人なら自分で商品を探すので問題ないのですが、中国人の場合、接客しないとクレームにつながります。たとえば『この薬にはどういう効果があるのか』や『1回に何錠飲めばいいのか』など、商品に対して細かい質問がありますので、それを説明する必要があ

るのです」(馬氏)

「買うべき薬」はネットを通じて紹介されるのでみんなよく知っている。ほとんどの人がスマホを取り出し、そこにある医薬品のパッケージ写真や、中国語名を見ながら店員に声を掛けていた。

絞られた売れ筋商品しかないので、店員は客をすばやく案内し、あちこちで説明している場面を見た。

手厚く接客をするもうひとつの理由は(家電量販店でも同様だが)、団体観光客は決められた短い時間内に、必要なものを的確に買わなければならないという事情がある。言語の問題もあるし、初めて行く店なので、どこにどんな商品が置かれているかも即座には判断できない。そんな客に対して、3対1、あるいは4対1くらいの割合で接客をする必要がある。

中国人客が中国人の店員にあれこれ細かい質問をしている姿も見かけた。母国語ならばコミュニケーションもスムーズで、間違うことはないし、客の満足度にもつながる。同店では、あまりにも数多くのバスが頻繁に駐車するため、コンクリートが一部陥没しているほどだった。

キックバックを要求する中国人ガイド

団体観光客の行き先は旅行会社やガイドが決めることが多いが、その中にはたいてい家電量販店や免税店などが組み込まれる。

これらの店の一部では売り上げによってキックバックを支払うことが常態化している。ツアーの中にその店を入れることで、旅行会社は店からキックバックを受け取るのだ。それを食事代やバス代、ホテル代などに充ててツアー価格自体を値下げするという仕組みだ。これらは日本人の海外旅行でも行われていることで、中国人だけがやっているわけではない。

一方、団体ツアーの中に組み込むケースではなく、私は個別のレストランの従業員からキックバックの仕組みを聞いた。比較的大きな地方都市で、ステーキなど肉料理を専門とするあるレストランには、数年前から中国人ガイドが観光客を連れて来店するようになった。そこでガイドからキックバックを提案されたのだという。

店の従業員が「絶対に店名を出さない」という条件で、苦しい事情を説明してくれた。

「ちょうどうちの経営が苦しい時期のことでした。中国人ガイドが数人のお客さんを連れてやってきて、お客さんの目の前で8000円のコースを人数分注文したんです。それを受けて下がったところ、ガイドが追いかけてきて小声でこういったんです。『実際に出す料理は5000円のコースにしてほしい。各自から8000円を徴収するので、差額の3000円（×人数分）は私にキックバックしてください』と……」

「私は『日本人のお客さんにしていないことは他のお客さんにもしないよ』といって、最初はピシャリと断ったんです。でも、そうしたら中国人のツアーが来なくなってしまいまして……。それからです。中国人ツアーを断れなくなってしまったのは……」

中国人ガイドは「中国から来た客には肉の等級や品質なんてどうせわからない。だからいいんだ」といい、次からも平然とキックバックを要求するようになった。

ときにはもっと差額の大きいコース料理などを頼むこともあり、メニューを見たお客が安い料理を注文しようとすると、耳打ちしてきて「すみません。それは売り切れです」と従業員にいわせて注文させないこともある。

ガイドが連れてくるのは個人の手配旅行客が多く、5〜10人程度の家族や仲間などのツアーだ。たまに40～50人と大人数のこともある。前日か当日の朝、急に予約の電話が入り、ときには2、3時間も車を走らせて、遠方から連れてくるという。

この店が日本人にもおいしいと高い評判を得ていることは確かだが、ガイドにとっては「味がおいしくて客に喜ばれる上、自分にもマージンが入る」というメリットがある。だからこそ、遠方からでもわざわざ連れてくるのだ。

最初に訪れたガイドからのクチコミで別のガイドもくるようになり、次から次へと予約の電話が入るようになった。

「今まで付き合っていたガイドは30人くらいでしたが、今年（15年）の夏は中国からのお客様が本当に多くて、さらに倍増しました。初めて来るガイドなのに『いつもの要領でよろしく頼むよ』などと気安くいわれると、とても腹立たしくなります。もちろん、もとはといえば、こちらが承知したことではあるのですが、こんなことになってしまって残念です」

店側のやりきれない思いと実はお見通しの中国人観光客

困り果てた店側では、〝架空の店〟の領収書を別に発行するようにし、店では本来受け取った料理の金額でレジを打つようにした。ガイドからは差額分の受け取りのサインをもらうようにしたが、客に対して心苦しく、日に日にやりきれない思いが募るという。

「確かに中国人観光客のおかげで店が盛り返し、彼らが救世主になった面は否めないと思います。でも、中国人のお客様がいなければダメなのか、という複雑な気持ちや、このまま こんなことを続けていていいのか、という葛藤があります。それに、いちばん不思議なのは、ガイドとお客さんは同じ中国人同士なのに、自分の国の人をだますようなことをして恥ずかしくないのかということ。こういうことを続けていたら、いずれお客様にばれて、自分たち（ガイド）の首を絞めることにならないのでしょうか」

この店ではこの従業員ひとりが中国人ガイドからの電話を受ける係で、店の全員がこの事実を知っているわけではないという。たとえ彼が休日でも中国人ガイドからの電話には対応するという徹底ぶりだが、「日本の肉がこの程度だと勘違いされて、飽きられたらどうしようという心配もありますね」と話していた。

「中国のお客様がもっと日本旅行に慣れてきて、ガイドを頼らずに、自分たちだけで旅行したとき、またうちの店を選んでくれたらうれしい。いつかそういう日がくればいいのですが……」

この話を後日別の人に話してみると意外なことをいわれてしまった。

「中国人のお客さんはガイドが何をやっているか、とっくにお見通しですよ。でも、まだ自分たちだけで自由に行けないから仕方がないと思って見逃しているだけ。中国人はそんなにバカではないです」

メンツを保つためにはお土産が欠かせない

10年前に比べて、中国人の日本に関する情報量は信じられないほど増えた。

せっかく日本に行くのだから、日本人の間で売れているもの、他の中国人が買ってよかったと思ったものを自分もゲットできることは、彼らにとって喜ばしいことだ。

だが、前述したような「買い物リスト」が出回っているために、日本旅行に行ったら自分がそれを買うだけでなく、友人から頼まれている商品も買って帰らなければならない、というジレンマやプレッシャーもある。

私の友人の友人は、新婚旅行で日本に行くことを微信に書き込んだところ、大勢の友人から「ちょうどいい。あれ買ってきて」「これ買ってきて」というメールが押し寄せてしまい、頭を抱えたという。

個人旅行だったため、自由な時間はたくさんあるはずだったが、「頼まれたお土産の数があまりにも多すぎて、それをかき集めるだけでヘトヘトに疲れ切ってしまい、新婚旅行を全然楽しめなかったそうです」と友人は苦笑していたが、このようなことはしょっちゅうあるようだ。

日本人もお土産を買うことは大好きで、旅行先で大量に買っている人をよく見かける。だが、日本人がお土産を買う場合、「家族に買って帰りたいから」や「自分が好きだから」「日頃（あの方に）お世話になっているからこの機会にさしあげよう」「ご近所さんに先日いただきものをしたから」という理由が多く、自分や家族のため、あるいは「軽い義理のお返しのため」ではないかと思う。

しかし、中国人の場合、お土産は友人や仕事先との人間関係を今後どう構築していくか、というところにまで関係する重要な意味合いを持つ。

おおげさにいえば、お土産は相手に対する自分の好意の証しだ。「自分はこれほどあなたのことを思っている。その気持ちをこのお土産に込めました」というほど大切なアイテムなのである。だから、「限定30個の商品だったのだけれど、朝早くお店に並んでやっと買ったんです」とか「これは京都だけでしか売っていないもので、東京や大阪では売っていません。○○さんはこれが好きそうだから、○○さんのために買ってきました」といった日本人的に考えると、恩着せがましいセリフを添えることも忘れない。ただ渡すだけよりもずっと効果的なアピールポイントになるからだ。だから、中国人的には日本人の「つまらないものですが……」という表現は理解できない。

受け取った相手のほうも、中国人なら「なんでわざわざそんなことまでいうの……」とは思わない。むしろ、「ほぉ、そうなんですか。それはどうもありがとう」といって、自分のことをそんなにも高く評価してくれていることを素直に喜び、深く満足する。

こうしてその人のために全力を尽くしたことがわかれば、自己アピールになるし、相手も自分を大事にしてくれる。何かあったときにお互いに助け合える関係がより強固になる。かけがえのない存在となるのだ。

なぜ同じ商品を3つも買うのか

後述するが、社会システムがあまり機能していない中国では、人と人の助け合いで何とか世の中が円滑に回っている面がある。

だからこそ、自分の周りに頼りになる人が何人も必要であり、相手のメンツを立てることによって、その良好な関係をキープできる。日本人には考えられないほど人間関係が濃厚なのも、こうした「人治社会」であるがゆえだ。人間関係のために生きているといっても過言ではないほど、中国人にとって人と人の関係は重要だ。

だから、海外旅行に行けるようになった今、お土産は自分のため、頼まれた約束を果たすため、そしてメンツを保つために大事なものなのである。

ところで、ちょっとおもしろいエピソードを思い出した。

以前、羽田から上海に向かう中国国際航空に乗ったとき、私の周囲は全員中国人観光客だった。斜め後ろに70代くらいの老夫婦が座っていたが、ぎこちない動きからして初めての日本旅行のようだった。そわそわしていたのだが、離陸した途端、おじいさんが足元のお土産の袋からお菓子の「白い恋人」の箱を取り出した。どうするのかと思っていると、なんと箱を開けて、夫婦でもぐもぐと食べ始めたのだ。

私は「あれ？　おじいさん、お土産のお菓子を開けちゃった」と思ったのだが、あとで別の中国系航空会社に勤務する知り合いにこの話をしたところ、「ああ、よく見る光景ですよ。中国人は同じお土産を少なくとも3つは買います。頼まれたもの、お世話になっている人にあげるもの、そして自分用。自分用は帰るまで待ち切れず、機内で袋を開けて食べちゃう人もけっこう多いんですよ」と話していた。

「なるほど。だから足元に置いていたのか」と、ちょっと微笑ましい気持ちになって、なぜかほっとした。

ちゃんと自分用のお土産もあり、夫婦でうれしそうに食べていたからだ。

中国人に大ヒットしている日本製フェイスマスク

日本でお土産を買うことを楽しみにしている中国人に対し、微信を活用して中国人に自社製品をアピールし、成功している日本企業がある。

東京・渋谷に本社を置くグライド・エンタープライズだ。

同社の名前を聞いてピンと来ない人でも「ルルルンの会社」といえば、女性ならばわかるかもしれない。地方空港やドラッグストア、バラエティーショップなどで女性に大人気のフェイスマスク「ルルルン」を販売している企業だ。

同社は15年7月、上海のおしゃれスポット、新天地にあるカフェで初めてイベントを行った。同社のフェイスマスクの紹介と体験会を兼ねたもので、一般ユーザー50人と美容に詳しいブロガーを集めて、製品紹介と体験会を実施した。

同社執行役員の加賀忠聡《ただあき》氏によると、インターネット上で参加者を募集したところ、すぐに20代の女性が集まり大盛況だったという。

▲フェイスマスクを試しながら微信に投稿中（※写真は徐向東氏提供）

「会場では、『すごく染み込んでいくみたい』『お肌がぷるぷるになった』など、あちこちから黄色い歓声があがりました。参加者の反応が最も大きかったのは、スタッフが『このボックスタイプのルルルンの中に、約４８０mlのペットボトル１本分もの化粧水が含まれているんですよ』と説明したときでしたね」(加賀氏)

美容に関心が高い女性たちは目を輝かせ、改めてフェイスマスクを手に取ったという。そして、フェイスマスクをつけた自分の顔を自撮りし、次々と微信に投稿し始めた。即座に反応があり、みんな返信を打ちまくっていたという。

同社取締役の佐藤すみれ氏は「一般の中国

人の発信力がいかにすごいのかを実感しましたね。日本人の場合、情報提供者からの言葉をそのまま書き込むことが比較的多いのですが、中国人は情報をいったんかみ砕いて、自分の言葉で、本当に実感したことを発信する。とても説得力があると思いました」という。

中国人は微信で情報発信をするとき、他人の目に自分がどう映っているかをかなり意識している。他人から「うらやましい」「こんなことを知っていてすごいね」「それ、どこで買ったの？」と思われることが肝心だ。だから、商品を紹介するとともに、ちょっとした文章表現で、自分の株をいかに上げるかにも気を配っている。

「ルルルン」の場合、マスク1枚に入っている美用成分の多さ、パッケージのかわいらしさ、日本人女性の間でヒットしている、化粧水の代わりに使うとよいこと、そのマスクを自分も愛用している、といった点がアピールポイントになった。

「ルルルン」は7枚入りのお試しタイプ、42枚入りのボックスタイプ、地域限定版（北海道、沖縄など）タイプなどのラインアップがあり、ボックスタイプは月間約20万個、約3億円を売り上げるヒット商品だ。発売からわずか4年で年商は40億円を超える見込みだ。

日本でフェイスマスクといえば、以前は百貨店で比較的シニア女性がターゲットになっていた。同社は20、30代の女性をターゲットにし、ドラッグストアで普及させることに成功した。このことがヒットに結びついたという。

同社が中国での販売に目を向けるようになったのは13年以降だ。来日した中国人観光客の間でかなり売れているらしい、という情報が小売店から本社にポツポツと舞い込み始めたのがきっかけだった。たとえばこんな声が聞こえてきた。

「1人の中国人が7枚入りセットを200個も購入していったんです」（神奈川県川崎市のバラエティーショップ）

「毎月1人で7枚入りセットを400〜500個も買っていく中国人がいます」（東京都大田区のドラッグストア）

「北海道プレミアムルルルン（7枚入り×5セット）が1日平均50個も売れています。観光バスで1500人きたときには、1日で500個売れたこともありました」（北海道・洞爺湖付近の免税店）

手応えを感じた同社は、15年2月に微博《ウェイボー》（中国版ツイッター）と微信を開始した。当初は「中国では売っていないもの」という付加価値があったが、微博と微信には1ヵ月に合計300件以上問い合わせが殺到するようになったことと、「日本に来られる人はまだわずか。中国に住んでいる人にも、もっと使ってもらいたい」（加賀氏）という思いから、中国での販売を開始。冒頭の上海でのイベント開催に結びついた。

中国ではＥＣサイトの天猫国際《ティエンマオグオジー》などで販売しているが、北京・上海を中心に２００％の成長率で売れており、微博のページビューは日系企業としてはダントツだ。

「爆買い」の恩恵にあずかっているメーカーは家電、化粧品、雑貨など多数あるが、積極的に微博や微信を活用して、頻繁に情報発信している企業は案外少ない。

中国人の複雑な人間関係とネットワーク、そのクチコミ情報を分析し、活用すれば、もっと日本企業も食い込めるはずだ。

今は日本というフィールドで中国人同士が活発に情報交換し、そのネットワークを駆使して行動しているにとどまっており、そこにほとんど〝日本人〟は介在していない。

現状を見るにつけ、中国というフィールドで、日系企業の日本人が、〝中国人〟を介することなく、日本人の頭だけで考えていることと、どこか似ている気がした。

第４章

爆買いに戸惑う声から探る「マナー問題」の解決法

「爆買い」という言葉は上から目線？

「春節のとき、いくつかの媒体で取り上げていただいたのですが、お客様から『爆買いという表現が下品だ』というご意見をいただきました。ひとつのクレームがあったからといってすべてお断りするというわけではないのですが、〝爆買い〟の企画ですと、取材をお引き受けできかねます。記事のタイトルが〝爆買い以外〟に変わるようでしたら、ご連絡いただけますか？」

雑誌の企画で都内のある企業に取材を申し込んだところ、このような返信がきた。最初にメールを送った担当編集者も、私自身も、便宜上「爆買い関連で中国人の動向を取材している」といっただけで、この単語にそれほど深い意味を込めていなかったが、一方的に「爆買いという言葉を使うならばお断り」といわれ、かなり面食らってしまった。そのような話を聞いたのは、一連の取材をしていて初めてのことだったからだ。

編集者はこう返信してくれた。

「爆買いという言葉をタイトルとして使うかどうかは未定です。私たちは中国人が見境なく買い物をする、ということを書くのではなく、『日本に何を求めてきているか』『なぜ日本で買い物をするのか』という点をきちんと掘り下げたいと思っています。爆買いという現象を単におもしろおかしく取り上げる記事ではないことを、どうかご理解ください」

私も同じ意見だったが、結局、その企業から取材ＯＫの返事がくることはなかった。

他の取材でも「うちの会社が『爆買いに支えられている』と思われるのは困るので、具体的な商品名は出さないでください」といわれたことがあった。

それまで、こうした意見を単刀直入に聞いたことはなかっただけに、考えさせられた。

それから私は取材のたびに「爆買い」という言葉をどう思うのか、聞いてみることにした。すると、何人もの取材先から否定的な意見が飛び出したのだ。

「中国人を見下したいい方ですよね。あまり好きではありません」

「日本人が中国人を嘲笑している表現だと思いますよ」

中国人観光客を受け入れている関係者が多かったからだろうか。いや、それは関係ないのだろうか。こうした意見がかなりあることに私は驚いた。

日本と中国、各メディアは「爆買い」をどう報道したか

そもそも、爆買いという言葉が日本のメディアに最初に登場したのはいつだろうか。正確に検証することはできなかったが、おそらく14年の秋頃だったのではないかと思う。私が同年12月にある関連の原稿を書いているのだが、それを見返すと、すでに自分自身がこの言葉を使っているからである。

意見を聞いた人々は前述した言葉に続けて、「日本人だって昔は海外でさんざん買い物していたのに……」とつけ加えた。日本人の80年代の行状を思い起こしてのことだ。

つまり、自分たちだってかつてやっていたことなのに、「爆買い」という言葉を使ってメディアが彼らの買い物ぶりを報道すること自体、日本人の「思いあがり」「上から目線」、あるいはある種の「(潜在的な) うらやましさ」の表れだというのである。

私自身は少し違う意見だった。爆買いについて、ワイドショーや週刊誌の一部を除いて、強い軽蔑の意味を込めて使っている人が、日本にそれほど多いとは思っていなかったから

だ。というのは、多くの日本人がこの言葉の意味をほぼ同一に定義して使うほど、この言葉が日本で定着しているわけではなく、まだ使われ始めてから日が浅いことによる。

確かにワイドショーなどの取り上げ方を見ていると、気分が悪くなることがある。旅行を楽しんでいる人を呼び止めて、「スーツケースの中身を見せてください」「こんなものまで買っていますよ。中国にはないんですか」とリポートする姿にはへきえきする。

いちばんひどかったのは、遊園地から出てくる中国人観光客に対し、数年前に話題になった北京の遊園地の「〝ニセ〟ドラえもん」の写真を見せていたものだ。「これ、本物だと思いますか？　中国の写真ですけど、あなた、どう思います？　やっぱり日本にきて〝本物〟を見るのはいいでしょう？」と聞いている場面では、あきれ返って言葉も出なかった。

だが、一般の人々までそんな目で中国人を見ているとは思っていなかった。実際、爆買いという言葉に「とくに上から目線は感じない」といった友人もいて、もっと深く検証してみる必要があると感じた。

一方で、中国側のメディアでも、違う次元で「爆買い」という言葉は議論を呼んだ。15年10月の国慶節直後、中国のSNS上には「日本での爆買いは売国行為だ。愛国的ではない」という書き込みがあふれたのだ。憎き日本まで行き、わざわざ買い物するのはけしからん、と憤慨するコメントだ。

中国では「売国奴」は最大の侮蔑表現だ。親日的な発言をしたり、外国に宥和的な発言をしたりすると、中国ではすぐ「あいつは漢奸（売国奴）だ」というレッテルを貼られる。「売国」と「愛国」はセットで語られることが多く、感情的になりやすい。

これに対し、ネット上では、さまざまな意見が飛び交った。

「貧乏人は家で抗日してろ。金持ちは日本に行くのさ」

「悪口を書いているのは、妬んでいる証拠。日本旅行を罵っている人たちにお金と時間をあげて日本旅行させてあげたら、二度と『日本は嫌い』なんていわなくなる。つまり、彼らは日本旅行ができる人がうらやましくて仕方ないのだ」

「日本に行ってもマナーが悪く、中国がバカにされるようなことをする人こそ我々の恥。売国奴だ」

議論があまりにも白熱してしまったためか、国営メディア、人民日報は急きょ、「日本での爆買いは愛国ではないとはいえない。日本人もかつては海外で爆買いを繰り広げていた」という記事を掲載して、火消しに努めた。

つまり、この言葉には、双方が心の奥底で強く意識せざるを得ない、複雑な意味があるということなのだろう。

マナー問題はさまざまな示唆を含んでいる

12年に領土問題が浮上し、中国で反日デモが巻き起こって以降、日中関係が悪化したことはよく知られている。一時的に中国人の来日は激減し、観光客が戻ってきたのは13年後半からだ。そこから、いわゆる爆買いが始まる。最初のうち、日本人は手放しで喜んでいたように見えたが、少しすると雲行きが微妙に変わってきた。彼らの買い物の量や金額に喜びつつも、マナーの悪さが目立ったからだ。

彼らのマナーが急に悪くなったわけではないのだが、訪日客が急激に増えたために目立ち、ニュースとして取り上げられるようになったのだ。

「買い物してくれるのはうれしいけど、マナーがね……」

そんな声がちまたに広がっていった。

「空港の入国審査に並んでいたら、中国人数人が私の目の前に割り込んでびっくりした」
「銀座を歩いていたら、地面に中国人が座っていた」
「家電の箱を空港のゴミ箱に全部捨ててしまい、ゴミ箱がいっぱいになっていた」
「(空港のトイレで)お湯がある授乳室に何十分もこもって、カップラーメンを作って食べていた」

中国人観光客のマナーの悪さについて書き出したらキリがない。

出張族の友人は名古屋周辺でどうしてもホテルが予約できず、かなり離れた郊外のホテルに宿泊したとき、大浴場で大勢の中国人と一緒になった。日本人は自分ひとりだけで、違和感を覚えたという。スリッパでお風呂の中まで入ってきたのにあぜんとし、「あれを見たら、やっぱりちょっと中国嫌いになるよね……」と話していた。

15年9月には札幌で残念な事件が起きた。コンビニに入った中国人夫婦の妻が店内で、まだ会計をしていない商品を開けて食べ始めてしまった。店員が注意すると、夫が怒って店員を殴ってしまったという内容だ。もしかしたら、事件化していないだけで、この一歩手前の出来事は全国各地で起きているのかもしれない。

観光客の増大とともに、日本人の間に「中国人はマナーが悪い」というネガティブなイメージが強く植えつけられている。

日本人と中国人の板挟みになる高級旅館の女将

「お金はあるけど、マナーが悪い」。そんな悪いイメージが広がっているからだろうか。

ある高級旅館を訪ねると、女将さんがこんな話をしてくれた。

「日本人のお客様が到着されたとき、ちょうどロビーに中国人の方がいらっしゃったんです。露骨に嫌な顔をされました。その後、お部屋で『どういうつもりで（中国人を）泊めているのか？』と苦情をいわれました。『何か失礼がありましたか？』とお聞きすると、そういうわけではなかったようなんですが、『ああいう客を泊めているとな、旅館のレベルがわかるんだ！』と怒鳴られたのです。中国語が聞こえてきただけでもうＮＧを出されるお客様もいますね……。この方のように、中国人のお客様に悪いイメージを持つ日本人のお客様もけっこういらっしゃって、私たちは対応に苦慮しています」

この旅館の外国人比率は全体の20％程度で、そのうち中国人は多いほうではない。15年になってから増えてきたが、チェックインの際、パスポートを預かると出入国のスタンプがたくさん押してあり、世界中に旅行している富裕層であることがわかる。

うるさくしているわけではないのに、存在そのものが気に食わないといわれたときには、その客を部屋食に切り替えたりして、なるべく中国人と日本人が館内でニアミスしないように〝応急処置〟を取ってきた。

しかし、トラブルになりやすいのは大浴場だ。日本人が外国人と一緒に使うこともあるが、中には「西洋人にお風呂の使い方を教えてあげたよ」とわざわざ女将さんにいいに来てくれるのに、中国人に対してだけは「全身濡れたまま浴衣を着ていた。石鹸の泡がついているのに、湯船に入った。早く行って注意しなさい」と怒り出す人もいる。

大浴場の使用方法は英語で表示してあるが、外国人が百パーセント理解することは難しい。

「浴場の点検を強化して、どのお客様にも気持ちよく使っていただけるように注意するしかないのですが……」といって女将さんは表情を曇らせる。

中国人のマナーの悪さは「インフラ」に起因する

そもそも中国人のマナーはどうして悪いのだろうか。

「民度が低いから」という意見で一刀両断にする人もいるが、80年代の日本人も海外まで行って重要文化財に落書きしていたなど、マナーがよいとはいえなかった。

中国を取材していてつくづく感じるのは、中国はGDP世界第2位の国でありながら、社会システムがほとんど整備されていないということだ。

経済発展が最優先され、都市部には東京や大阪よりも立派な高層ビルが立ち並んでいる。高価な宝飾品を身につけて、高級外車を乗り回している人が大勢いるが、水道や道路、公共交通機関のシステムなど、基本的なインフラが整っていないと感じることが多い。

微信での決済サービスなど、ある面では日本よりもＩＴ化が進んでいるが、インフラが整っていなくて、イライラさせられることが多い。

たとえば、中国の地下鉄で切符を買うとき。券売機が壊れていて、使えないことは日常茶飯事だ。道路の水はけが悪く、雨が降ればすぐ靴が泥だらけになる。

医療事情も非常に悪く、中国人が最も恐れていることは病気になることだといわれている。詳しくは前著『なぜ中国人は日本のトイレの虜になるのか？』に書いたが、日本人にとっての「当たり前」は中国にはまだないのだ。

システムが整っていないので、人々は自分で自分を守るため、バラバラに行動する。日本のようにシステムが整っていれば、それにのっとって生活できる。それは（日本人は慣れているので意識したことはないだろうが）非常に楽なことだ。しかし、中国ではそうなっていないため、何事も自己責任で動くしかない。

私がよく引き合いに出すのは交差点の信号である。日本では青信号で進み、赤信号で止まる。このシステムの下で人々は生活している。ルールがあるから守り、みんながそれを守っているから秩序が保たれている。

中国にも信号はあるが、交通ルールを守らない人が大勢いる。システムはあってもきちんと稼働していないのだ。そうした中では、人々は自己判断で動くしかない。そうしなければ危険にさらされてしまう。青信号で渡って車にひかれたら、それは自分のせいだ。

日常生活のインフラの質は、そこで暮らす人々に多大な影響を与える。日本では「中国人はマナーが悪い」といわれるが、私の考えでは、マナーは社会を支えるインフラと重要な関係にあると思う。

水道の水が出ないから、手を洗わない。トイレのカギが壊れていてかからないから、カギをかけないで入る。ゴミ箱がないから、道端にゴミを捨ててしまう。よくないことではあるが、長年、そういう社会環境の下で暮らさざるを得なかったのが中国人だ。

みんながルールを守らない国では、「自分さえよければいい」という考え方が勝ってしまい、それが習慣化されてしまう。

最近はだいぶ改善されてきた面もある。都市部では、トイレのバーを押せば、きちんと流れるようになったし、地下鉄駅のエスカレーターでは片側立ちをする人が増えてきた。

一定の人々がルールを守り出せば、世の中は自然とそちらの方向へ変わっていく。日本でも80年代によく見られたトイレの落書きは徐々に減り、今ではそんなことをする人はいなくなった。みんながきれいに使い出せば、汚しにくい〝空気〟が醸成される。今の中国は、その過渡期にあると思う。

しかし今のところ、中国人と日本人は生きている「日常」が異なる。

マナーが改善しない理由は他にもある。何度も述べてきたように、「中国人」といっても、日本の10倍以上の人口がいる。背景がみんな違うため、マナーがよい人と、そうでない人がいる。日本でも同じことはいえるが、その格差は日本の何十倍にもなるのである。

マナーの悪い人のほうが目立つため、私たちは「中国人はマナーが悪い」と思い込んでしまうが、マナーのよい人は日本人に溶け込んでいて気づかれないだけである。中国社会を大きく変えていくことは、小さな島国の日本人が想像するより、ずっと難しい。

相手の目線に立たないと解決は見えてこない

マナー問題について、中部国際空港で興味深い話を聞いた。

15年9月、名鉄名古屋駅から中部国際空港行きに乗って、初めて同空港を訪れた。同空港会社によると、同空港の国際線利用者の約4割が外国人で、その20〜30％が中国人だ。中国方面へは、内モンゴルのフフホト、安徽省合肥市など、従来は路線がなかった地方都市からの便も増え、22都市から週132便（15年11月1日時点）の定期便が就航している。空港で中国人を見かけることも多くなった。

そんなある日、ご意見箱に日本人の利用者から意見が寄せられた。

『以前よりもトイレが汚くなった。中国人ではないのか。清掃をきちんとしてほしい』という苦情が寄せられました。私たちもトイレ内に中国語で使い方を表記したステッカーを貼るなど、できるだけ対応しているのですが……」

同社ＣＳ（カスタマーサティスファクション）推進グループリーダーの新美啓吾氏は語る。

実際のところ、誰がトイレを汚くしているのかはわからない。ご意見箱に意見を寄せた日本人も現場を目撃したわけではなかったようだが、前述した通り、「マナーが悪いのは中国人」という思い込みが一部の日本人に広がっていることは否めない。目に見えて中国人客が増え、客層が変化していることを敏感に察知し、違和感を覚えていたり、イライラ感を募らせる日本人がいることは確かだろう。

同社の場合、国際線と国内線がすぐ隣り合わせにあり、施設がコンパクトにまとまっているため、国内線の利用者であっても、駅やバス停で中国人客と鉢合わせする機会は多い。日本人客から「中国人が列に割り込んだ。並ばせてほしい」というクレームが入ることもあり、急いで警備員が現場に急行した、ということも一度や二度ではなかった。

同社では14年5月に、成田国際空港など4空港で連携して空港CS連絡会を立ち上げた。半年に1回のペースで集まり、協議を重ねている。

15年6月に開かれた会合では、各空港間で起こった問題を共有していくこと、そして外国人観光客増加にともない発生している混雑解消を目指していくことについて話し合いを行った。

利用者が急増する中、ひとつの空港だけでなく、各空港で起きている問題点や課題などの情報を共有し、より顧客満足度を上げていこうというのが狙いだ。このときは次のようなやりとりがあった。一部を抜粋する。

A空港〈インバウンド旅客のすそ野が広がり、機内持ち込みの可否を知らないなどの理由により、保安検査場でのトラブルや混雑が多発している。主に中国からの団体旅客向けに事前にわかりやすく情報提供することにより混雑緩和につなげたい。国慶節期間に向けて、保安検査案内ツールを作成し、トライアルとして国内空港との連携として取り組みたい〉

B空港〈保安検査場の混雑以外でも、搭乗間際の爆買いが深刻な問題となっている。各エアラインからも販売制限をしてほしい、という要望が出ている。改善策として、各店に注

意喚起のＰＯＰを提示した〉

Ｃ空港〈的確な情報伝達をどうするか。出発よりも到着時に伝えるのもよいかと思う。トイレの問題も顕在化してきており、日本でのマナーを伝えるガイドブックなども検討するとよいと考える〉

協議の結果、国慶節を前に、関西国際空港の提案をきっかけに、国内４空港合同で、出国保安検査に関する案内を記載したチラシを作成した。１００ml以下の液体物を航空機内へ持ち込む際に必要なチャック付きプラスチック袋をティッシュとセットにして４空港で計１万５０００個を配布した。「少しずつこうした取り組みを増やし、中国のお客様に理解していただけたら」と新美氏は語る。

他にも利用者の要望で改善したことがある。

たとえば、国際線では保安検査場に入るとき、ペットボトルの飲料は捨てなければならない。その場で残りを飲んでしまうか、ペットボトルごとゴミ箱に捨てる人が多いが、中国人の場合、マイボトルを持ち、その中にお茶などを入れて持ち歩いているため、中身だけを捨てることになる。その際、ゴミ箱の中に飲料をそのまま捨ててしまうケースが多発していた。そこで、同社では「液体を捨てる専用のゴミ箱」を設置した。

また、空港内の3ヵ所に給湯器を設置した。中国語の通訳やレストランのスタッフなどから「中国人のお客様がお茶を飲むためのお湯が欲しいといっている」という要望を受けて設置したものだ。新美氏はいう。

「以前は日本人を前提にサービス向上を考えていましたが、これほど外国人が増えた今、両方の満足度を上げなければならなくなりました。今は問い合わせに対し、一つひとつ対応している状態ですが、私たちが中国人の目線に立って、現地ではどうなっているのか、状況をよく理解することも大切だと思っています」

マナーを理解してもらうのにも気遣いが必要

日本側が対応するだけでなく、中国人にもっとマナーを知ってもらい、自ら直してもらおうという試みもある。

15年夏、北海道の自治体の観光部門や民間団体などで構成する北海道観光振興機構は、

▲中国国内で配られていたマナーに関するパンフレット

中国人観光客のための旅のマナーガイド「北海道・旅の常識」を作成した。

当初、交通、宿泊、飲食のルールなどテーマごとに分けて、イラストをつけ、やってはいけないこと（たとえば飲食店への持ち込みなど）を○×方式で表示していた。

同機構では日中の習慣の違いから生じるトラブルを防止したいという純粋な狙いがあったが、関係者から「中国人がこれを見たら不快に感じる」、「○×式など、一方的な表現がよくない」と不評で、急きょ作り直したという経緯がある。

マナーガイドに関しては、他の観光関係者からも「作成したい」という声があがるが、表現方法をどうするかは悩ましいところだ。

一方、中国国内でも、マナーに関して注意を呼び掛ける冊子を作るなど、自らもこの問題を何とかしようとしていることがわかる。

少しずつ形態は異なるものの、出国する中国人に対し、各地の旅游局（観光局）などがマナーに関するパンフレットを作成している。

それらを見ると「相手国の風俗習慣を知り、礼儀正しくすること」「通路に大きな荷物を置かないこと」などの言葉とイラストが書かれている。

中国人は「自分たち（国民の一部）のマナーが悪い」という自覚はあるものの、それを外国人からわざわざ指摘されたくない、というプライドやメンツもある。

そこをどうくみ取り、彼らのプライドを傷つけない形で、日本のマナーを理解してもらうようにするかが難しいところだ。

前述した高級旅館の女将はいう。

「富裕層できちんとした教育を受けている方々は、自分たちが一部の日本人から嫌われているということを、ちゃんとわかっています」と話していた。日本人が中国人を見る目が「ひとつ」で、白い目で見られていることを承知しているというのだ。

以前、富裕層の若い女性が、友人数人を連れて関西地方を旅行したときの経験を聞かせてくれた。彼女は日本に住んでいたことがあるため、自分が率先して温泉の入り方などを教え、電車の中で友人の声が大きければ、すかさず注意していた。だが、乗っていたバスが渋滞に巻き込まれ、目的地に20分ほど遅れてしまったことがあった。

その女性は「もちろん途中で（予約先に）電話を入れて、渋滞の説明をしましたよ。日本語で『申し訳ありません』と何度も伝えました。でも、相手の日本人の反応は、とても冷ややかなものでした。もしかしたら『ルーズな中国人が遅刻した』と思われたかもしれません。その方の心の中はわかりませんが、私はとても悲しかったです」と話していた。

実は私自身も、ちょっと苦い経験がある。

銀座のユニクロで買い物をしていたときだ。レジに並んでいたら、後ろに中国人夫婦が立っていることに気づいた。カバンからビニール袋を取り出してリンゴをまるごと食べ始めた。免税のことを聞かれたので、上のフロアに行くように勧めたのだが、夫婦はそのままそこに並んでいた。私はびっくりしたものの、このときのリンゴがとてもおいしそうだったとSNSに書き込んだところ、在日中国人の友人がコメントを書いてきた。

「中国人のこと、バカにしていますか？」

私はびっくりして「そんなことないよ。そういう意味じゃないから」と急いで弁明したのだが、友人は怒り出してしまった。電話で説明したのだが、感情的になっていてらちが明かず、私のことを「上から目線だ」といって電話を切った。

彼女自身は高校を終えて両親とともに来日。現在、日本で社会的地位の高い仕事に就いている。いわゆる富裕層で、「外でリンゴをかじったことはない」と話していた。

そんな彼女は、これまで「中国から来た観光客はマナーが悪いから嫌いだ」といっていたのに、私（日本人）が少しでもそのこと（気にしていること）に触れただけで「（自分も含めて）中国人全体がバカにされた」と感じて、頭にきたのかもしれない。

どれほど説明しても、彼女に私の気持ちは伝わらなかったが、お互いの立場が違えば、受け止め方は異なるという問題は、日本人同士でも起こり得る。

国が違えばなおさらで、その上、国家間の政治問題やあつれきが上乗せされれば、その国をもっとネガティブに見てしまう傾向は強まるだろう。

国家ではなく個人を見ようとしてきた私も、心のどこかにバイアスがかかっていて、〝得体の知れない中国人〟を単純視するところがなかったのか、考えさせられる出来事だった。

第5章

大挙してやってくる中国人客は千載一遇のチャンス!?

1泊3万円でも選ばれる理由

「うちはけっこう儲かっていますよ。リーマン・ショックで地価が大幅に下落したときに買った安い土地が多いからね。それが今の高い利益率につながっている。今、あちこちに建っていて、利益に貢献してくれています」

東京・赤坂見附にあるアパグループ本社。同代表の元谷外志雄《もとやとしお》氏はこういうと満足そうな笑みを浮かべ、ソファに寄りかかった。

ユニークなテレビコマーシャルなどで知名度が高いホテルチェーン、アパホテル。15年夏、雑誌に「〝アパホテル3万円〟は当たり前に？」という記事が出て業界で話題になった。外国人観光客が増加し、全国的にホテル不足が叫ばれている中で、需要によって1泊3万円にまで部屋代が高騰する日もあり、業績は好調だというのだ。

同業他社がなかなか値上げできずに苦しんでいるところ、やっかみの声もあるそうだが、元谷氏は意に介さない。

「日本のホテルは安すぎるし、部屋数が少なすぎる。既成概念にとらわれている面もある。泊まりたい人が『ここはいいホテルだ』と思ったら、ある程度高い値段になってもしかたないし、それを本人が受け入れるんじゃないですか。ホテルの価格は、結局はお客様が決めることなのです。安くしないと売れない、というのはおかしな論理ですね」

同社では客室通常料金を基準として、周辺ホテル需要の逼迫《ひっぱく》度などを見ながら、社内ルールの範囲内で料金を決める権限を支配人に持たせている。需要が非常に大きかった場合、料金がかなり高くなってしまうこともあるが「常識外れなことはしていない」という。

15年10月23日時点で、アパホテルは日本国内で346ホテル、部屋数は5万5729室（設計・建設中、FC、パートナーホテルを含む）の展開を予定しており、アパホテル全体の稼働率は85％を超えている。2020年までに国内に10万室（FC、パートナーホテルを含む）を展開する予定で、全国の中核都市に新規ホテルを建設中だ。最もホテル不足が深刻だといわれる大阪や名古屋にも建設している。

同社の外国人比率は約20％。ここ数年で2倍以上に伸びたといい、円安や外国人観光客が増加したことも関係がある。外国人客に対応して、全ホテルの客室にBBCワールドニュースを導入、一部ホテルで英字新聞を無料提供している。

ホームページは英語、中国語（簡体字、繁体字）、韓国語でも対応。「アパというのは読みやすいでしょう？　誰でも読めるし、すぐに覚えられる。だから予約サイトからの個人客の申し込みも多いんですよ。中国からも直接予約が入ります」（同）。

東京都心では海外からの団体客は受け付けておらず、東京近郊（幕張・潮見など）で受け入れているのみだ。

「ホテルの雰囲気を大事にしているから、外国人の中でも、できるだけ個人客に来てほしいと思っているんです」

中国人観光客はもちろん、今後はインドや東南アジアからの個人客が増えるのではと予測しているが、「17年ごろまでは中型案件を増やしていくが、そのあとはもう増やさない。おそらく〝オーバーホテル現象〟が起こりますからね。オリンピック以降まで見据えてやっています」と余裕しゃくしゃくだ。

低迷期のラオックスに手を差し伸べたのは？

今、ラオックスと聞けば「中国人向けの免税店」とイメージする人が多いだろうが、以前はどうだっただろうか。私はこれまでに何度かラオックスを取材したことがあった。最初は90年代前半。秋葉原にある家電量販店のひとつとして、それほど目立つ存在ではなかった。

次に取材したのは10年頃だ。すでに〝中国人向けの土産物店〟となっており、売り場の変化に驚いたものだった。当時から、秋葉原本店の前には中国から来た団体客の観光バスが何台も止まっていたが、同店の存在がそれほど話題に上るわけではなかった。それが今では「爆買いのメッカ」として飛ぶ鳥を落とす勢いに乗っている。

ラオックスの変化の激しさを物語っているのは社名の枕詞《まくらことば》だ。15年8月14日付の『The Huffingtonpost』というニュースサイトに興味深い記事が載っていた。

ラオックスが「家電量販店」ではなく「免税店大手」と報じられるようになった、という内容だ。同8月13日、ラオックスは15年12月期の連結業績予想を上方修正したが、各メディアはこのニュースを報道する際、同社を「家電量販店」ではなく、「免税店大手」または「総合免税店」と報じていたというのである。

同サイトによると、こうした報道が始まったのは15年に入ってからだ。日本経済新聞は記事の中で「家電中心の免税店を展開するラオックス」（14年10月）、「家電・免税店のラオックス」（14年11月）、「免税店事業を本業とするラオックス」（15年１月）、「免税店大手のラオックス」（15年３月）と少しずつ表現を変化させている。

ラオックスが産声を上げたのは終戦直後。秋葉原でラジオ部品などを扱う卸商がスタートだった。家電量販店として秋葉原を中心に展開するが、00年代になり業績が悪化。経営不振に陥っていたところ、救いの手を差し伸べたのが中国の小売り大手、蘇寧電器《スーニンディエンチー》（現蘇寧雲南集団）だった。

蘇寧電器は南京市に本社を置く中国最大の家電量販店で、中国各地に約９５０店舗を持つ。「中国企業５００強」にも名を連ねる大手企業である。

09年、同社に買収されたラオックスの社長に就任したのが羅怡文氏だ。

羅氏は63年、中国生まれ。89年に日本留学し、中文産業という出版社を立ち上げるなど、家電量販店とは違う畑を歩んできた人物だ。その羅氏が蘇寧に見込まれて社長に抜てきされた。

中国系企業として生まれ変わったラオックスは羅氏のもとで免税店ビジネスにシフトした。不採算店を閉鎖し、免税ビジネスを強化するなどドラスチックな改革に取り組んだが、東日本大震災や領土問題などがあって、最初から順風満帆というわけではなかった。

以前から羅氏をよく知るというある日本人はこう語る。

「当初は業績が上がらず苦しんでいたようです。自分が社長の座から降りることを覚悟していた時期もあったと思います」

思うように利益が出なかった数年間は「中国の本社が相当支援していました。何年間も資金を投入し続けた。それがなかったら、ラオックスは存続できなかったでしょう」というほどだ。中国人観光客でごった返す今のラオックスからは考えられないが、低迷している間も蘇寧は支援を惜しまなかった。

ラオックスが持つ独自のアフターサービス機能

蘇寧がラオックスを支援した理由について、その日本人は「日本に上場企業が欲しかったから」だと話す。中国で拡大し続けてはいたが、ブランド力は弱かった。日本での知名度も低い。「日本のラオックスを大きく育て、まず日本ブランドを持つことが夢。とくに日本一の街、銀座に店舗を持つことは悲願だった」という。

今では日本のラオックスで買ったものを中国全土にある蘇寧電器に持っていけば、アフターサービスを受けられるようになった。独自のサービスが展開できるようになったのも、日本のラオックスに中国人観光客が押し寄せるようになったからだ。

日本に店があることによって、中国の店も潤うという好循環の構図である。団体ツアーの中に盛り込めば、店舗からツアーにキックバックが入り、ツアー代金を抑えることができ、より多くの中国人が日本にやってこられる。すべて〝中国人だけ〟で経済が回る仕組みができ上がる。

それでこそ、蘇寧が支援し続けたかいがあったということなのだろう。

中国・人民網によると、日本を訪れる観光客の約6割がラオックスで買い物をしているという。

中国人観光客の訪日が盛り返してきたことにより、同社はしだいに利益を上げるようになった。15年1～6月の売上高は約451億円で、前年同期比で約2倍。営業利益も大幅に伸びるなど、爆買いの波に乗った。

8月の記者会見で羅氏は、株価の急落や人民元の切り下げについて「まったく影響は出ていない。訪日客はまだ増える。店が足りないから、早くつくらないといけない」と店舗拡大に意欲を燃やしている。

その言葉通り、15年10月時点で30ある店舗を、今後数年間で50店舗以上にまで拡大させたいとしている。日本で爆買いの恩恵に最もあずかっているのは、中国系企業、ラオックスであることは間違いない。

「消極的に受け入れる」の意味とは？

そのラオックスが銀座のど真ん中にできて、街の風景は一変した。銀座4丁目から8丁目までの中央通りを歩いていると「ここはどこ？」という気分になってくる。街を歩く人の多くが中国人だからだ。

中心にあるのがラオックスだ。ラオックスが進出してきたことによって銀座の街の風景はどうなってしまうのか。本当にこのままでいいのか。

この問題をテーマに、民放のBSのテレビ番組から出演依頼がきた。私はコメンテーターという立場で、銀座から全銀座会街づくり委員長の岡本圭祐氏がメインゲストとして出演した。

番組の冒頭で銀座のロケの場面が映し出されるとともに、大きなテロップが表示された。

タイトルは「どうする銀座？　中国化はウェルカムか？」だ。

銀座の中央通りで側溝に座っておしゃべりする人々。「30万円使ったわ」と笑いながら話す女性。大きな紙袋を提げて歩く姿と、それを横目に眉をひそめる着物姿の日本人……。老舗が軒を連ね、風格があったあの銀座は、一体どこへ行くのか——。


そんなイメージ映像が流れたあと、司会者が「全銀座会175加盟店へのアンケート」というフリップを出した。

タイトルは「外国人観光客の受け入れについて」。円グラフを見ると、「積極的に受け入れる」が43％で最も多かった。次に「消極的に受け入れる」が43％、「できれば受け入れたくない」が9％、「未回答」5％だった。

この「消極的に受け入れる」の意味について、岡本氏は「背に腹は代えられないという表現はよくないんですけど、やはり、売り上げは欲しいということなんですよね。でも従来からのお客様は失いたくない。そういう両方の気持ちが込められていると思うんです」と解説する。

銀座の人々が気にしているのは、やはりマナーの問題だ。「できれば受け入れたくない」の理由として「購入前の商品を開けてしまう」「フィッティングルームに土足で入る」「連絡なしのキャンセル・遅刻・人数の変更」「チャージシステム・お通しへの不満」「店頭・店内でのゴミのポイ捨て」が挙げられた。積極的に受け入れている店舗でも、この問題で悩んでいる店は少なくない。

だが、銀座を訪れる人が増えていることは確かだ。

「もっと啓蒙活動を行って、マナーを守っていただき、銀座を楽しんでもらえるようになったらお互いにいい。私たちもそうなるように工夫をしていきたい」（岡本氏）という話で番組は終わった。

新興勢力は銀座にとって歓迎すべきもの

後日、改めて岡本氏を訪ねた。もっと詳しく銀座の人々の本音を聞きたかったからだ。

内心では「やはり、銀座がラオックスに押され、常連客が離れていくのではないか」と感じていた。ちょうどラオックス銀座2号店ができる直前だったこともあったし、私自身、銀座に中国人があまりにも多いと感じていたからだ。

だが、岡本氏は意外な言葉を口にした。

「免税店に行く人と、専門店に行く人に少しずつお客様の層が分かれてきているんです。最初はやはりラオックスに買い物に行くけれども、2回目、3回目に来日した方は専門店に行き始めました。ベースの人数が増えれば、自然と消費行動も変わっていく。だんだんと自ら〝育っていく〟ようになるのです。だから、私たちはベースが増えることは、本当に大歓迎なんです」

なるほど。そういうことだったのか。門外漢ながら、私はちょっと心配していた。あれだけの中国人客が押し寄せてきて、売れる店と売れない店が隣り合わせになっていたら、小売店の店主たちの人間関係が悪くなるのではないか、と思っていたのだ。

ところが、そんな私の稚拙な問いにも、岡本氏は「そんなことはないんですよ」とやんわり否定する。流行っている店があっても、関係がギクシャクすることはないという。むしろ、銀座の内部にいる人々は、銀座に多くの人が足を運んでくれるということを喜び、それだけ「街が注目されている」と受け止めている。

「以前も銀座に欧米ブランドが多数進出してきた時期がありました。そのときにも、マスコミで『老舗VS海外ブランド』とたたかれました。でも、銀座は正直いってウェルカムだったんですよ」

「銀座が目指しているのは、〝対立〟ではなくて〝共存〟なんです。強い勢力が出てきたら、それをだしにして、2軒目はうちに来てもらおうと……。そういう努力をする気概があるのが商売人というものです。力があるものを排除しようというのは、銀座の精神ではないのです。銀座はこうやって新陳代謝を繰り返し、常に時代に合わせて新しいものを受け入れて、長い間、繁栄してきたのですから」

彼らが来なくなったら「元に戻せばいい」

日中間の政治的な問題で、中国人客が突然来なくなるなどのリスクについても冷静だ。リーマン・ショックのときにも急に客が来なくなることがあったが、特別なことによる恩恵は「いつかなくなるときがくると思っておいたほうがいいです」と岡本氏はいう。

「銀座で店を構える人々は、息の長い商売をしていきたいと思っています。だから、調子のいいときだけではないとわかっています。利益がたくさん出たときには、その分をお客様に還元したり、お店に投資したり。逆境にあるときには工夫したり、我慢したり。もし中国人が全然来なくなったら？　そのときは元に戻せばいい。そういうふうに思っています」

潤っている店として有名になったのは、中央通りの岩崎眼鏡店だ。明治28年創業の老舗で、銀座6丁目の中央通りに面している。つまり、ラオックスとは目と鼻の先にある。

同店には連日のように大勢の中国人観光客が押し寄せており、テレビでも報道していた。

やってきているのは富裕層だ。ひとつ50万円台の眼鏡がよく売れているという。中国語ができるスタッフはいないが、同店ではタブレットで「多言語通訳サービス」を導入した。身ぶり手ぶりで対応できることもあるが、細かい注文や要望に応えるのは難しい。そこで、画面の向こうに中国語の通訳がいるサービスを使うことで言語の問題をクリアしたのだ。いち早くこうしたサービスを取り入れたことが、より多くの客を引きつけることになった。

銀座通連合会でも15年10月から「多言語電話通訳サービス」を開始した。連合会が一部費用を負担し、期間限定でテスト導入したという。「多額の費用は掛けられないが、少しでも加盟店のお役に立ちたい」という考えからだ。

大型バスが中央通りに駐車して渋滞を巻き起こしている点などに関しても、対策を講じている。東京都が都心と臨海部を結ぶＢＲＴルート（バス高速輸送システム）を計画しているが、銀座街づくり会議を通して、その枝線として銀座地区を経由し東京駅方面への路線を設定してもらうよう提案しているという。実現すれば、中国人観光客の銀座の街へ行く動線に変化が出て、渋滞を緩和できるかもしれない。

個人客の増加で地方にもチャンスがきている

岐阜県高山市――。

古い街並みが保存され、日本情緒あふれるこの都市の人口は約9万人だ。ここを訪れる外国人観光客は人口の3倍、14年には過去最高の28万人が訪れたということをご存知だろうか。15年には30万人を突破する見込みだ。全国的に見て、最も外国人の誘客で成功した都市であり、GDPの40%を占めるというほど、観光産業がさかんな都市だ。

この高山市にもついに中国人観光客が急増し始めた。

名古屋から特急で約2時間30分。JR高山駅で下車し、古い街並みとは異なる方向へ歩いて約5分。高山市役所を訪ねた。ブランド・海外戦略部長の田中明氏が高山の外国人誘客の責任者だ。

「高山を訪れる外国人は、台湾、タイ、香港が非常に多く、アジアからの観光客は全体の62%に上っています。14年は台湾から約6万6000人もの観光客がやって来ました。し

▲中国人客の中でも個人客が増えている岐阜県高山市

かし、これまで中国人はとても少なかったのです。13年はたった約３０００人、14年は５０００人だけでした。ところが15年は７月単月だけで見ても、１８６８人と前年の同じ月（２１８人）の８倍以上に跳ね上がっています」

　私も名古屋から乗車するとき、数人の中国人客を見かけたので、「ここにもやはり……」と思ったところで、個人客が伸びているという話にうなずいた。

　中国人が少なかった理由は何だろうか。

「中国人観光客はゴールデンルートを辿る団体が多かったのです。名古屋は通りますが、高山は遠すぎて団体コースからは外れます。旅行の主な目的（ショッピング）とも合致しません。宿泊料金も高めです。これらの理由でこれまでは少なかったのですが、最近は個人でくる中国人の方が増えてきました」

田中氏によると、欧米人は日本に入国するまでにすでに十数時間も飛行機に乗っているため、来日後に数時間の移動はいとわない傾向がある。

また、日本の古い文化に深い関心を持っている人も多く、わざわざ高山を目指すという。しかし、中国・韓国からの場合（逆に日本から行く場合も同じだが）、距離的に近いため、滞在日数も長くなく、入国した場所からわざわざ遠方へ行くというモチベーションには、なかなかつながらないという。

台湾での実績を生かす岐阜県高山市

夏場には欧米人が増えるというが、年間を通して台湾からの観光客が多い理由はあるのだろうか。

「高山市は86年に『国際観光都市宣言』をして、観光産業に力を入れるようになりました。台湾は97年に最初に誘客に取り組んだところなんです。台湾のメディアを招待したり、現地の旅行会社などにＰＲに行ったりと、毎年さまざまな活動をしていったのが積み重なって、今の観光客につながっていると思います」

その後、香港、タイなどへと誘客活動を広げていった。世界中から観光業者やジャーナリストなどを招聘《しょうへい》するファムトリップを実施しており、14年度はその数が84件、７４３人に上った。「待っていてはダメ。こちらから動かないといけない」という國島芳明《みちひろ》市長の後押しがあってのことだ。

これまでに11言語による外国語ホームページの運営やフェイスブック、中国の微博（中国版ツイッター）などを活用した情報を発信。14年には７００万円以上投資して、７日間無料で利用できるWi-Fiを設置した。

高山市単独ではなく、中部北陸９県の自治体、観光関係団体などと協働して知名度アップを図る「昇龍道《しょうりゅうどう》プロジェクト」も行い、広域連携を図っている。

むろん、中国への誘客活動も活発化させている。

「中国はこれからが本番ですね。高山の文化を理解してくださる方々にぜひ高山を知っていただき、来てほしいと思います。私たちは、中国・韓国とはたとえ何があろうとも、国際交流をずっと続けていこうというスタンスなんです。最も身近で、最も理解し合わなければいけない関係ですから。観光産業以前の問題で、この2つの国と日本は仲よくしていかなくちゃいけないと思っているんです」

高山市役所ブランド・海外戦略部は田中氏を中心に、さらなる誘客活動に励んでいる。

深刻化するバス不足やホテル不足

第5章では、中国人観光客の訪日がよい効果をもたらしているエピソードを紹介してきた。しかし、あまりにも需要がありすぎて、厳しい局面に立たされてしまった、という皮肉な業界もある。

「爆買い」によってもたらされる経済効果は人口減少の日本ではチャンスのはずだが、せっかく需要があっても、供給が追いつかないで四苦八苦しているケースがある。そのひとつがバス業界である。

第1章の冒頭、クルーズ船から下りてきた中国人観光客を乗せるため、九州一円から120台のバスがかき集められた、というエピソードを書いたが、八方に手を尽くしても、バスを手配できないことがある。

あるバス業界関係者は次のように苦しい胸の内を打ち明けてくれた。

「新千歳空港にいるガイドから電話がかかってきましてね。今空港に着いたんだけど、バスが来ていないって。30人のお客さんを連れて外で待っているから、とにかく早く来てくださいっていうんですよ。もうびっくりして……。慌てて何とかしたんですけど、だんだん何とかならないほどひどい状況になってきました。バス不足、運転手不足が深刻化しているんです」

この業界関係者に取材をしたときには「今、一時的にバス不足は解消されている」と話していたが、「繁忙期になったら、またどうなるかわからない」と戦々恐々としていた。

北海道の繁忙期は、2月の春節や雪まつりの頃、6月のラベンダーが咲く頃、10月の国慶節の頃、12月頃と決まっており、その時期には毎年バスが足りなかったが、14年ごろから中国人観光客が一気に増え、遠方からバスを頼まなければ間に合わないほどになってきた。同年、北海道運輸局に届け出た道内の貸し切りバスは3000台と過去最高を記録したが、運転手不足は解消されないままだ。

通常、バスは営業できる区域が限られており、仕事が入ったからといって、どこにでも遠征して行っていいというわけではない。発着地か到着地のいずれかに自社の営業エリアが入っていなければならないのだ。だが、バス不足が深刻化した時期には、一時的に北海道外（青森県）にバスを手配することもあったという。

「中国からの観光客が増えていることは喜ばしいことです。でも、受け入れ態勢ができていないのに、次から次へとやってきても、どう対処していいのかわかりません。このままではいずれパンクする。大変なことが起こるのではないかと思うと心配です」

業界関係者は青ざめる。

運転手不足は今に始まったことではなく、恒常的に続いてきた問題だ。観光バスの場合、ツアーに出れば何日も家に帰れない。長時間労働で休日が少なく、待遇もそれほどよくない。それらが原因で、バス運転手のなり手が少なくなり、高齢化も進んでいる。

国土交通省の調べでは、バス運転手の平均年齢は48・3歳。全産業の平均年齢（42歳）よりも高く、とくに50、60代に集中している。このまま数年経てば、運転手は引退する年になり、問題はますます深刻化するが、抜本的な解決策は今のところ見つからないままだ。

北海道千歳市の中堅バス会社、ウイングサービス代表取締役の前平幸男氏も、運転手不足に悩んでいるひとりだ。前平氏は「これまでは社内で教育する余裕がなかったが、今後は時間とお金をかけて育てていかなければいけない」と話してくれた。

同社の場合、今までは経験者を優遇してきたが、それだけでは間に合わなくなった。経験のない運転手も育成していこうということになり、数年前から退職自衛官を採用している。自衛官の中には、もともと業務で大型2種免許を取得している人がいるからで、彼らの中から採用した。

今後は、採用者に対して、会社が経費を出して大型2種免許の取得まで面倒を見る考えで、「日本人の若手を探すのは至難の業。いずれは外国人ドライバーの養成も検討していかなければいけないと思う」と前平氏は話す。

ホテル不足も大きな問題で、15年夏には、北海道旅行中の中国人団体客が、ホテルの部屋が確保できず、バスの中で一夜を過ごしたという〝事件〟もあった。アパホテルのように〝景気のいい〟話もあるが、シーズンに影響される産業であり、需要と供給のバランスが難しい問題だ。

バス不足にホテル不足。バス自体が足りないという話もある。大型のバスになると1台3500万円ほど費用がかかるため、そう簡単に注文することもできない。

観光立国を目指している日本だが、爆買いというかつてないチャンスの陰で、それを支えるサービス業界は本当に潤っているのか。あるいは苦しめられているのか。考えさせられる問題である。

第6章

中国人富裕層にとって
日本は心のオアシス

団体旅行から個人旅行に切り替える瞬間

「あっという間にツアーが終わってしまった感じ。必死でガイドさんのあとをついて歩き、よくわからないまま日程が過ぎてしまった。どこにどんな特徴のある名所があったのかも、あまり思い出せないんです。お土産だけは買えたのでよかったのですが……」

15年2月、上海に住む知り合いの女性が日本への団体旅行に参加したときに発した言葉だ。

14年末の時点で、訪日客は団体旅行が個人旅行を上回っており、来日するのは団体のほうが個人をわずかに上回っていた。

だが、観光庁「訪日外国人消費動向調査」（15年4月～6月期）のデータを見たところ、団体が46・6％、個人旅行が53・4％と、すでに個人旅行のほうが多くなっていたことに気がついた。

旅行の申し込み方法を見ても、旅行会社経由が55・7％であるのに対し、ウェブサイトでの申し込みが39・1％にも上っている。初来日が64・7％と、依然として初めて日本に来る人が多いのに、個人でウェブサイトを使って自分で申し込んできているというのは、新しい発見だった。それだけ、中国人の訪日旅行の形は刻一刻と変化しているということなのだろう。

なぜ団体から個人旅行へと猛烈なスピードで変化しているのだろうか。まず団体旅行を選択した人の声を紹介したい。

冒頭の女性は50代の公務員。初めての日本旅行なので、団体ツアーで行くことしか念頭になかった。ツアー内容にはほぼ満足していたが、少し不満もあったそうだ。この女性は日本で日本食を食べることにとても期待していたが、「それほどおいしいとは感じなかった」という。

「午後1時過ぎだったでしょうか。銀座のちょっといい定食屋みたいなところに着いてみると、すでにツアー人数分のお膳がズラリと並べられていて、冷めた天ぷらや煮物がお皿に並んでいました。ご飯とみそ汁は全員が着席してから温かいものが運ばれてきたのでよかったのですが、天ぷら、煮物は冷え切った状態。お刺し身が冷たいのは私だって知っていましたけど……。これって日本人が普通に食べているものなのかと疑問に思いました」

日本人がヨーロッパなどに団体ツアーで出かけて「何これ、これが本場のピザなの？日本のピザのほうがおいしいんじゃないの？」と思ってげんなりしたり、不思議に思うのと同じだ。

団体だと予算に制限があり、昼食に長い時間をかけられないため、どうしても決まりきった食事になってしまいがちなのだろうが、「食事は温かいもの」と認識している中国人からすれば、何十分も前に並べたであろう、冷えた料理を食べさせられるのは耐え難いものだった。

ならば「もう日本旅行はいいや」と思うのかと思いきや、女性は「そうではない」ときっぱりいう。

「動いている観光バスの車窓から見て、おもしろそうだと思ったお店や、ちょっと不便だけど足を延ばしたいと思っていた観光地にも行ってみたい。もっとおいしい本格的な日本料理も食べてみたい。やっぱりツアーじゃ自由が利かないからダメですね。次回日本に行くときには、絶対個人旅行にしようと心に決めました」と話していた。

考えてみればあたりまえの話かもしれない。ビザ取得などで大変な思いをして来日しているのだから。それに、周囲ではすでに個人旅行をする人が増えていて、自由に日本を満喫している友人もいる。街はきれいだし、空もかすんでいない。日本人はおおむね対応が親切でおとなしい。漢字が多いので、「なんとかなりそう」な気もする。

自由な個人旅行ができるなら、事前に行きたい店を調査してそこに行き、たっぷり見たり聞いたり食べたりしたいと思うのは当然の欲求だ。

3つのタイプの日本旅行がある

この女性が話す通り、データ上でも個人旅行が増えているのは、ある意味で当然だろう。「団体よりも個人旅行」、「ゴールデンルートよりもゆっくり1、2ヵ所に滞在型」を選ぶ人々が急増しているのだ。

15年2月、上海を拠点にした中国初の日本専門雑誌&ネット媒体「行楽《こうらく》」を発行する袁静氏を取材した際、中国人の日本旅行を大きく3つに分類して紹介してくれた。

①初めて日本を訪れる団体や個人客

②これまでヨーロッパなどに出かけていた富裕層
③もともと日本が大好きな日本オタク

人数が最も多く、私たちが日頃よく目にするのは圧倒的に①だ。
③は日本のレアなものが大好きで、1年に5回以上も日本に出かけているような「日本フリーク」ともいえる人々だ。アニメやドラマから日本にはまるケースが多いが、比較的若い層で、マニアックな場所までよく知っている。①の中で団体から個人へとシフトするのがトレンドになりつつある。①がきっかけで、③に発展していく人も多いだろう。
第4章でも述べたように、団体旅行のマナーの悪さにへきえきして個人旅行に切り替える人もいる。

札幌、小樽、函館などを9日間かけて旅行した私の友人夫婦（とその娘）は、娘が上海の大学の日本語学科を卒業していることもあって日本に親しみを感じており、思い切って3人で個人旅行に出かけた。

大雪の影響で帰国便が飛ばず、空港内で一夜を明かすというハプニングがあったが、天候不順で飛行機が飛ばないというのに、同じ便で帰国する中国人団体客たちが航空会社のスタッフに詰め寄って暴言を吐き、胸ぐらまでつかんでいる姿を見て「本当に情けなくて、同じ中国人として泣きたくなった」とこぼしていた。

夫婦は定年退職しているが、ともに中国の大手企業に勤務していた。富裕層とまではいえないが、３人とも上海の大学を卒業しており、中間層以上だ。そんな彼らは「団体に混じるのはいや。同じレベルの中国人だと思われたくない。一緒にいたくない」とつぶやいていた。個人旅行を選択するのは、こうしたきっかけもあるようだ。

地方都市を愛するカリスマ旅行作家の影響力

とはいえ、初めての個人旅行には不安が大きい。

中国人の情報源は第３章で紹介したように、在日中国人を頼る場合が多いが、中国在住者で、日本の地方都市のすばらしさを紹介する中国人もいる。

上海在住の林竹氏は旅行作家であり、漫画エッセイスト、デザイナー、ブロガーなど多面な顔を持つ若い女性だ。子どもの頃から日本のアニメが大好きで日本に興味を持ち、北京の大学を卒業後、来日。日本の大学で学び、東京で会社勤めをした経験もある。13年に出版した日本旅行ガイド「林竹闖関西《リンジューチュワングアンシー》」（「林竹が見て歩く関西」）は、一般的な旅行ガイドブックとは異なり、林氏が自分の足で歩き、イラストを描いたもので、若い女性を中心にヒットした。

有名な観光スポットだけでなく、おいしかった料理や何気ない風景などを写真や文章、イラストで紹介しているのが特徴だ。

▲かわいらしいイラストが特徴的な林氏の本

京都や大阪以外に、奈良や神戸まで紹介しており、たとえば、あぶら取り紙で有名な京都の「よーじや」の「よーじやカフェ」のメニューから、奈良公園で鹿に餌を与えたりするシーンまで、かわいらしいイラストで再現している。

林氏が岐阜県を旅行し、その様子をネットなどに書き込んだところ大反響があった。

飛騨高山を散策したり、美濃地方では伝統の和紙作りを見学したりした。思い出深いのは、地方の人々の温かさや素朴さだったという。

「美濃のうだつなど、その地方独特の建築物や、他では食べられない郷土料理などに引かれますね。東京に住んでいましたが、こんなに美しい日本があるとは知らなかった。東京や大阪などの大都市にはない個性と魅力があると思います。ぜひ、もっと中国人に知らせたいと思いました」(林氏)

美濃で宿泊した「古民家宿&カフェ　陽《ひ》がほら」では、日本の伝統的な民家に興味を持ち、朝食などをイラストにした。宿の主人、宇城《うじろ》智之氏によると「古民家なので、トイレや風呂が外にあったり階段が急なので、日本人でも戸惑う方もいらっしゃるのですが、林さんはそうしたところもすべて受け入れて、楽しんでくださっていましたね。林さんのおかげで、その後、中国から数組のお客さんがありました」という。

岐阜県上海事務所所長の谷口真里子氏も「中国の方に岐阜の良さを再発見していただいて、とてもうれしい」と話す。

同事務所にも、日本語がまったく話せない中国人から電話がかかってきて「岐阜の旅館はどこがいいと思いますか？」、「下呂や飛騨高山にはどうやっていったらいいのでしょうか？」などの問い合わせが増えているという。

林氏は上海の若い女性らとともに再び岐阜を訪れたが、その際、ただ旅行をするだけでなく、スケッチブックやペンなどを持っていき、旅先のスタンプを押したり、落ち葉や電車の切符を貼ったりして、みんなで絵日記を楽しんだ。林氏は温泉の入り方なども若い女性たちに指南し、日本のマナーを教えているという。

林氏はいう。

「大多数の中国人にとって興味があるのは、やはりまだ桜、温泉、ラーメンなど定番であることは変わりないのですが、工芸品など手作りのものや、浴衣や花火など季節感のあるものに引かれる人も増えています。日本には世界に誇れる〝本当にいいもの〟がまだたくさんある。そういうものをもっと見つけて、中国に紹介していきたいですね」

なぜ高野山での宿坊体験が選ばれるのか

「お坊さんのすばらしい説法を聞いて、心底感動しました。心が落ち着いて、これまでの人生で感じたことがないほど、安らかで穏やかな気持ちになれたのです」

清々しい表情でこう語る男性は、上海で活躍する40代の会社経営者だ。超多忙な日々を送っているが、14年末、友人に誘われて４泊５日の高野山修行体験ツアーに参加した。

旅行の内容は中身が濃く、心躍るものだった。上海から関西国際空港に飛び、高野山の宿坊に宿泊。早朝のお勤め、写経、阿字観《あじかん》（真言密教の瞑想法《めいそう》）などを体験し、写経は弘法大師・空海の御廟がある奥之院に収めた。早朝には奥之院に空海への食事を運ぶ儀式「生身共《しょうじんく》」を見学。真言密教の根本道場「壇上伽藍《だんじょうがらん》」に参拝したり、仏教美術を鑑賞したりもした。

帰りは同じ和歌山県内の秘湯・龍神温泉の旅館でゆっくりと汗を流し、懐石料理に舌鼓を打った。最終日は大阪のリッツ・カールトンホテルに宿泊して自由行動の時間にショッピングを楽しんだ。

これらの内容でしめて１万５０００元（約28万５０００円）だった。

通常の関西への団体旅行（４泊５日）の約３倍もする料金だが、男性は「精神的な満足度がとても大きくて満足。決して高くない。この旅に参加できたことは本当に幸せでした」

と笑みを浮かべる。

同ツアーは幅広く一般の人々を対象として募集したものではなく、前述の袁氏が発行する雑誌「行楽」の読者だけを対象に主催した少人数限定の特別企画だったが、北京や上海など海外旅行に行く人が多い大都市では、昨今「富裕層限定の海外旅行ツアー」を扱う旅行会社が増えている。

「40、50代の富裕層が読者の中心ですが、『お金には代えられない貴重な体験。本当にこんなすばらしいツアーに参加できてよかったです』と全員が大喜びしてくださって、主催した私たちもやりがいを感じました」と袁氏はいう。

高野山は空海ゆかりの地。空海は遣唐使（留学僧）として唐に渡り仏教を学んだ人物なだけに、中国との縁も深い。

参加者たちは仏教への造詣が深い人が多く、「中国で学んだ日本人の僧侶が、母国でこのような形で仏教を広め、こんなにも日本に定着しているとは……」と、日中のつながりを実感し、感激もひとしおだったという。

同ツアーでは、これまでも富裕層を対象に屋久島、白川郷など、日本人でもゆっくりと時間を取って訪れるのは難しい、静かで歴史のある場所を厳選してきた。

「食べる、見る、遊ぶ」だけではない「学び」もある、知識人の心をゆさぶる独自のツアー内容だったという。

日本人が聞いても中身が充実していて、神社仏閣や日本史が大好きな私などは「ぜひ行ってみたい」と身を乗り出してしまうような魅力的な日程だが、袁氏によれば、今、中国人の間で急速に広まっている日本旅行のキーワードは「癒やし」と「安らぎ」だという。

「中国人が少ないところに行きたい」というのが本音

袁氏は続ける。

「私たちのツアーに参加されるビジネスエリートの皆さんは、とにかく精神的、肉体的に非常に疲れているんですね。中国での生活はそれ自体がストレスの塊だし、イライラさせられることも多い。経営者など社会的な地位が高い人ともなれば、仕事上のプレッシャーも大きいので、なおさらです。物理的に中国を離れないと仕事から解放されないし、完全にリラックスできないのです」

「中国の富裕層はこれまでヨーロッパに行くことが比較的多かったのですが、最近では距離的にも近く、円安でお得感がある日本に目が向いてきていますね。今こそ、日本のすばらしさをわかっていただく絶好のチャンスだと思います」

彼らの目的は「ゆっくり、のんびり、リラックスすること」だ。1週間ずっと同じホテルや旅館に滞在しておいしいものを食べたり、温泉に漬かったり、近隣にある美術館や博物館を訪ねたり、茶の湯や歌舞伎など日本の伝統文化に親しんだり、読書をしたり……というぜいたくな日々を送るのだ。

袁氏によると、彼らの心からの望みは「中国人が少ないところに行きたい」。もっとはっきりいうと「中国人の団体ツアーが絶対来ない、静かで落ち着いたところで過ごしたい」ということだ。

具体的には、北海道のザ・ウィンザーホテル洞爺や石川県の加賀屋、星野リゾートなど日本の名ホテル・名旅館といわれるようなところだ。

こうした宿は中国の富裕層の間でも知名度が高く、何度も泊まった経験がある人も多い。むろん、単価が安い団体旅行客は来ない。

また、これほど有名でなくても、袁氏には「中国人の団体が絶対に来ない、隠れ家的な品のいい宿はどこか」や「袁さんのおススメの旅館はあるか」といった問い合わせもたびたびある。

こぢんまりとした高級旅館などでは英語が通じないこともあるが、富裕層は「個人で専属の通訳をチャーターしているので、どんな辺ぴなところでも問題ない。それよりも雰囲気がよく、リラックスできる空間が大事」だという。

以前、上海の富裕層から聞いて、思わず私が苦笑してしまったのは、ザ・ウィンザーホテル洞爺に宿泊し、館内のイタリアン・レストランに行ったら、小学校に通う子どもの同級生の家族が2組もきていて鉢合わせしてしまった、というエピソードだ。

子どもの学校の休みの時期が同じなので、富裕層同士だったら、自然と行き先がかちあってしまうのだろう。

それくらい彼らは〝ごく普通に〟日本の高級宿泊施設を目指し、自分たちでネットで予約を入れてやってきて、日本でのトラベルライフを楽しんで帰っていく。

精神的報酬を求める中国人富裕層の気持ち

もちろん富裕層の中にも幅があり、仕事のスタイルや年収、好みなどにより、求めるものはそれぞれ異なる。

袁氏の分析では、たとえば年収30万～50万元（約570万～950万円）くらいの「そこそこ」の人々は「1週間の滞在のうち、1回はミシュランの星つきレストランで食べたい」など、ステータスを求める傾向があるという。また、有名パティシエに学ぶマカロン教室や、着物の着付け、三味線を習うなど「学びの旅」も人気がある。

年収100万元（約1900万円）以上になると、ミシュランなど形式にこだわらず、むしろ街のお蕎麦屋さんでも、抜群においしいと評判が高い店ならば、そこに行きたがるという。

必ずしも年収額によってすっぱり割り切れるわけではないので断言はできないが、アッパークラスの富裕層は、逆にブランドや形式にこだわらなくなってきた、ということの表れなのかもしれない。

そういえば、日本に頻繁に訪れる私の上海の友人から聞いた話では「最先端の垢《あか》ぬけた30、40代の富裕層は、最近、服装は上下ともにユニクロで、金のネックレスもしていないし（笑）、自然体で飾り気がない。日本から買って帰るお土産も、仰々しい大きな箱に入ったものは好まず、百貨店の地下で売っている高級生チョコレートとか、品のいい和菓子、小さな手作りのもの、一点ものの伝統工芸品などを好む。いかにも金持ちが買いそうな派手なものはかえって敬遠する」と話していた。

お金持ちが形式にこだわらないところなど、もはや〝日本並み〟に洗練されてきている証拠かもしれない。

北京や上海などはスタイリッシュなレストランやホテルができてきてサービスも向上してきたが、それでも富裕層にとって中国国内は「お金があっても使うところがない」、あるいは「その金額に見合った品質のよい商品やハイレベルなサービスを受ける機会が少ない」というジレンマやいら立ちのようなものを抱えている。

高級ホテルや最高級の料理にお金を出せる人はいくらでもいるが、中国国内での生活では、どんなにすばらしいホテルでも、ソフト面の充実度が日本ほど高くないため、十分満足のいくサービスを提供してくれるところは少なく、精神的報酬はなかなか得られないのだ。

ハードよりもソフト面の細やかさに感動する

中国の場合、施設（ハード）はすでに立派なのだが、細かいサービスや従業員の教育まで〝日本並み〟に持っていくのは至難の業だ。北京や上海などの大都市のサービス業で働く従業員は農村から出てきた農民工（出稼ぎ労働者）であることが多く、モラルも含め、全員に高い従業員教育を施すのは一筋縄ではいかないからだ。ようやく仕事を覚えた頃には辞めて、ジョブホッピングしてしまうという悩みもある。

そうした社会だからなのか、中国人富裕層はハードの立派さよりもソフト面に心を動かされる。接客などのレベルの低さは、日本人が中国に行くと最も我慢できないところだが、中国人が来日したとき、最も感激するのは、中国がなっていないところ、つまりソフトの細やかさなのだ。日本の高層ビルは中国の高層ビルのスケールとは比べ物にならないし、建物やインフラは中国よりもずっと老朽化しているのだが、そういうところを気にする中国人はあまりいない。

むしろ、彼らはメンテナンスや掃除が行き届き、古いものを大切に使い、サービスでカバーしている点を「すばらしい」と感じている。

日本では個人の収入レベルに関係なく、衣食住は「安心・安全」であることが当たり前で、さらにもっとお金を払えば、より静かで安心、安全、ハイクオリティーな時間、空間を確実に手に入れることができる。

しかも、中国よりもずっと安く手軽である。その点に中国人富裕層は安心感を覚えるし「日本は安心・安全が安すぎる。もっとお金を払ってもいいくらいだ」と感激し、充足感を得られる。

「高級であればあるほど中国人が安心するのには、そういう背景があるんですよ」

北京の大手企業に勤務する富裕層の朱莉氏は率直にこう語る。日本では牛丼チェーンであれ、5000円の居酒屋であれ、細かい点を抜きにしていえば、サービスの質に大きな差はない。飛び抜けて高級な料亭に行かなくても、一定レベル以上のよいサービスを受けることができる。

「値段によるサービスの差」が当たり前の中国

しかし、これは世界的に見れば稀有《けう》なことだ。中国では高級なレストランに行けばよいサービスは受けられるが、安いレストランでは、サービスはまったく期待できない。値段によってサービスに差があるのは当たり前のことなのだ。

だから、中国人の考え方でいえば、日本で高いお金を支払うことは「それ相応の非常に高いサービスを必ず受けられる」という〝お墨つき〟を得られるというように考えるのだ。

朱氏はこういって苦笑する。

「東京・赤坂見附のシティーホテルに友人と2人で宿泊したときのことです。部屋のスリッパがひとつ足りないことに気づき、内線で電話して持ってきてもらったんですが、そのとき、なんとひとつのスリッパを、胸の前で両手の手のひらに乗せ、それを頭くらいの高さまで持ち上げて、まるでお殿様のお膳でも運ぶようなしぐさで大切そうに持ってきたのです。その姿を見てもうびっくり。たったひとつのスリッパをそんなふうにして客室に届けるなんて、中国ではこの先100年経ってもあり得ないことです。同室の友人も感激していましたし、その後、何十人にもそのエピソードを話してしまいました。もちろん、微信にも書き込みましたよ（笑）」

また、別の高級ホテルのロビーでエスカレーターの場所がわからなかったときも同様だ。スタッフに聞くと、だいぶ離れたエスカレーターの入り口まで笑顔で案内してくれたことがあった。

「日本では普通のことですけど、中国では五つ星ホテルでしか経験したことがないです。中国では『トイレはどこですか』と聞いても、スタッフが不機嫌な表情のまま、あごと目線でトイレの方向を示すだけのこともけっこうある」

「だから余計に、日本ではそれなりのところに行けば、黙っていても最高レベルのサービスを受けられるので、いい気分に浸れる。小さなことですが、心が満たされて、気力・体力を回復することができる。そしてまた明日から中国という〝戦場〟に戻って（笑）、仕事をがんばろうという気持ちになって、ファイトが湧いてくるわけです。いわば日本は中国人富裕層のストレスを取り除いてくれる、心のオアシスみたいなものです」（同）

私は朱氏が話す一つひとつの言葉に深くうなずいた。

中国での生活に慣れている私でも、中国では生活自体が大変で、つい怒りを何かにぶつけたくなるような衝動にかられることがある。日本ならば簡単にできることなのに、中国ではすぐに実現できないこと、我慢しなければならないことが多いからだ。

教育レベルが高く、プレッシャーや責任の大きい仕事をしている富裕層たちが、イライラから解放され「日本に行ったときくらい、何もかも忘れてのんびりしたい」「これまでに体験したことがないことを体験してみたい」という気持ちになることはよく理解できる。

「地元の人と触れ合いたい」富裕層たち

観光地についても同様で、一通り名所旧跡を訪ねたあとは、地元の人々が集うところに行ってみたい、と切望する人が増えている。

私の古い友人である寺崎富繁氏が、フェイスブックで中国人客について書いていたのが目に留まった。

▲日本らしい建物をそのまま生かしている「水の音　土の音」

寺崎氏は外資系企業を定年退職したあと、福岡県朝倉市秋月の古民家を再生し、奥さんと2人でウィークエンド珈琲ギャラリー「水の音《ね》　土の音《ね》」を経営している。交通が不便ながら、小さな城下町でとても風情がある。ここに、とくに宣伝しているわけでもないのに、中国人の個人客がちらほらとやってくるようになったという。

「日本に住む中国人の林翔さんが、うちのホームページを見てお客さんを連れてきてくれたのが最初でした。ありきたりの観光地ではなく、日本の田舎や自然を見て、地元の人々と触れ合いたい、おしゃべりしたいということで来店してくださいました。『空気がおいしくて、本当に素敵なところですね』と褒め

てくださった方もいました」（寺崎氏）

奥さんが開く陶芸教室に参加したり、ギャラリーで販売している陶器やガラス製品などを購入していってくれることもあり、寺崎氏が淹れたコーヒーを飲みながら、たわいないことを語り合って帰るそうだ。寺崎氏は英語が堪能で、中国人と英語や漢字で筆談しながら、ギャラリーの中で小さな〝日中交流〟が始まるのだとか。ゲストブックに中国語や英語で詩のようなコメントを寄せてくれることもあり、寺崎氏の人柄もあって、中国人の心に温かいものを残していくようだ。

これこそ、一般の観光地では決して味わえない「自分だけの日本旅行の思い出」になることだろう。

寺崎氏のもとに中国人観光客を連れていった林翔氏は、85年、河南省生まれの男性だ。中国の大学で日本を学び、来日した。その後、北京の富裕層向けの旅行会社で働いていたこともあったが、「やはり日本に住みたい」と思い、移住を決意。旅、デザイン、写真などを扱う会社を立ち上げ、中国人の顧客を募って各地を旅行して歩いている。その一環で「水の音　土の音」もネットで探して訪れたという。

林氏が企画した旅に参加しているのは、林氏がゆかりのある杭州の会社経営者や銀行員、

ＩＴ企業の社員などで、デザインや建築、ライフスタイルに興味がある30、40代の中国人富裕層が多い。

１回のツアーは８人以内と少数で、１日平均６万円の予算。日数は１週間から10日ほどというとてもぜいたくな旅で、参加者は「旅を通じて、何かを見つけたり、考えたり、創作したりしたい人」に限っている。

これまでに、北海道の食材を存分に使った美瑛のオーベルジュ「ビブレ」、東京・新潮社の倉庫跡を改造したユニークなキュレーションスペース「la kagu（ラカグ）」、里山の自然が美しい新潟の「里山十帖」などを訪れた。

建築、農業、手工芸、芸術など、毎回テーマを決め、顧客の要望も聞きながら訪問先を決定している。訪問先の施設やホテルの経営者のライフスタイルや考え方に共鳴できるかどうかも大事な選定ポイントだ。

そのために、雑誌や広告などあらゆる情報にアンテナをはっているという。

「日本人の生き方を知りたい。心の安らぎを得たい。そう思っている中国人は非常に多いです。日本で充実した旅をすることによって、インスピレーションを得て、自らの仕事によい影響を与えているといわれることがあって、そういうときは私もとてもうれしい。感動を分かち合えていることに喜びを感じています」と林氏は語る。
富裕層の旅は、もうこの領域にまで到達している——。
林氏へのインタビューを終えたとき、私自身、そのことに深い感慨と喜びを覚えた。

第７章

なぜ彼らは「日本に住みたい」と思っているのか

日本に永住先を求めた定年間近の夫婦

上海からほど近い蘇州市内で中国人の夫と2人で暮らす周一棟氏は50代後半。14年に思い切って埼玉県郊外に中古のマンションを購入した。価格は約3000万円。広さは70平方メートル弱。2LDKだが、2人暮らしなので申し分ない。最寄り駅から徒歩10分。まだあまり建物が建っていない新興住宅地ということだったが、周氏は購入した喜びを私にメールで伝えてきた。

「いよいよ私たちも老後の準備に入りました。みんなマイホームを持っているのに、うちは借家住まい。子どもができなかったので2人暮らし。中国人の伝統からいえば〝規格外〟の私たちのことをとやかくいう人もいましたが、この日のために我慢してきました。夫はあと数年、日系企業にご奉公しますが、そのあとは夫婦でのんびり。日本の我が家で安心して年金生活を送りたいと思います」

文面からワクワクしている気持ちが伝わってくる。周氏は北京出身で、80年代は国営企業に勤めていたエリートだったが、夫の留学に伴って来日。日本に10年ほど住んでいたが、夫の転勤により中国に引っ越してもう15年以上になる。

私は上海に出張するたびに、彼女に会ってきたが、教養があり、おっとりしている夫婦は「なかなか中国のスピードに馴染めない」と悩んでいた。

「中国人なのに中国に馴染めないってどうして？」と思われるかもしれないが、私の知るかぎり、こうした中国人は多い。

とくに、若くて頭が柔軟な時代に海外留学して見聞を広めた人に多く、中国に帰国後、中国人的な仕事の進め方や周囲との濃い人間関係、秩序のない生活環境に溶け込めずに苦しんでいる。生き馬の目を抜く中国で、肩で風を切って、他人を蹴落として生活するのはとてもしんどいことなのだ。

周氏は東北地方の旧満州で生まれた。母親が日本人家庭とつき合いがあり、「幼い頃によく味噌汁を飲んで育った。だから私は日本人っぽいんだわ」と笑いながら話してくれたこともあった。

「いつか日本に帰りたい」と切に願ってきただけあって、数年後の夫の定年は待ち遠しい。夫婦で話し合った結果、老後は日本に住もうという結論になったのだという。

「夫と私の兄弟はともに北京にいますが、その子どもたちは独立してそれぞれ生活し、一部はアメリカに移住しています。相当な財産でも残せれば話は違うのでしょうけど、私たちの老後の世話まではしてくれません。それならば、ずっと払い続けてきた日本の年金で夫婦2人、日本に骨を埋めようと腹をくくったのです。日本の食品は安全だし、気を張って生活する必要もない。病院も中国では心配なので、できることなら日本の医療を受けて、死にたいと思います」

切なくなってくるような話だが、周氏の夫は日本で長年年金を払ってきたので、当たり前といえば当たり前の結論ともいえる。

ただ、いくら日本語ができるといっても、人生の最期を異国で暮らすことに不安はないのだろうか？

私がそう尋ねると「全然。中国にいたって、知り合いは限られた範囲だけ。母国だからといって、必ずしも助けてくれる人が多いというわけではない。私は日本の医療は世界一だと信じていますから、何かあったら、日本の病院で診てもらって、納得した治療をしてもらいたいです」と話していた。

確かに健康診断や治療はお金がかかっても日本で行いたいという人が増えている。

むろん、日本にいたからといってハイレベルな治療が受けられるとは限らない。日本の医療現場にも問題が山積しているのだが、中国に比べればはるかにいい、ということは明白だ。周氏とメールのやりとりをしていて、「日本行き」を指折り数えている姿が目に浮かぶようだった。

老後の夢は「日本で晴耕雨読の日々」

30代前半の男性、王偉氏も「老後は日本に住みたい」という。王氏は日本の大学に留学していたことがあるが、長期で住んだ経験はないし、何よりまだ若い。日本のアニメやアイドルが大好きで、私は彼からAKB48の魅力を何度も聞かされたことがある。童顔で、まだ学生っぽさが残っているようなさわやかな青年だ。

北京の大学を卒業後、出版社に勤務していた。現在は独立して会社を立ち上げ、新規ビジネスに取り組んでいる。スポンサーを集め、従来は中国に存在しなかった仕事に取り組んでいるのでストレスも大きいが、「充実しています。日本に留学していたときから温めていた事業。中国はリスクも大きいけれど、チャンスをつかめば、大成功できる可能性がたくさんある。今、この仕事に燃えています。ワクワクしますよ」と意気込んでいる。

仕事は早朝から夜遅くまで、打ち合わせや出張、営業などさまざまな業務が続く。中国のビジネスは日本以上にスピードが速いので、まさに目が回るような毎日だが、彼にはひとつの夢がある。

年をとったら日本で暮らす、という夢だ。

「具体的なことはまだ何も決めていません。でも、年を取ったときのことは以前から漠然と考えていたんですよね。故郷に住んでいた母が3年前に定年退職したんですが、故郷を離れて引っ越しちゃったんです。故郷はあまりにも大気汚染がひどいからといって……。友人がひとりもいない町にですよ！　でも、驚くことに、母はそこにマンションを買って生活し始め、今では友だちを作って、ヨガやダンス、習い事などを楽しんでいます。そんな勇気のある母の影響もあるのかもしれません。終《つい》の棲家《すみか》についてはときどき考えます」

王氏は、以前にも日本に住むことを考えたことがあった。大学卒業後、中国国内での就職があまりよくない時代だったので、大学院に進学する友人が多く、自分は日本に行くことを考えたのだが、結局断念した。大学院で勉強するだけの生活は性に合わないと思ったからで、日本で仕事をすることはあまり想像できなかった。離婚して1人で育ててくれている母親に経済的負担をかけたくなかったということもある。

それよりも、日に日に発達する中国でメディアの仕事をするほうがおもしろいと思ったのだが、もともと静かに読書をしたり、何かをつきつめて学ぶことも大好きだった。

14年末、久しぶりに日本旅行をしようと思い、来日した。成田国際空港に降り立ち、入国審査に通じる通路を歩きながら、小さな声で「ただいま」とつぶやいてみた。建物の壁をそっとなでていたら、自然に涙がこぼれてきてしまって、自分でも驚くほどろうばいしてしまったという。

「日本に着いた瞬間、本当にほっとしたんです。まるで故郷に帰ってきたみたいな。本当の故郷・天津に帰ってもこんなに懐かしく切ない気持ちにはならないのに……。この気持ちをどういうふうに説明したらいいのかわからないんですけど、日本にいると、中国では感じたことがないような安堵《あんど》感や、心の落ち着きを感じる。自分のすべてを受け入れてもらったような、そんな気がするんです。自分は日本人じゃないのに不思議ですよね（笑）」

そのときに、自分の本心がやっとわかった気がした。

今はとにかくビジネスで成功し、「ある程度お金をためたい」と王氏は話す。大金持ちになりたいとは思わないが、ゆとりのある生活をするには、多少のお金は必要だからだ。

「ビジネスの可能性が広がっている中国で50歳くらいまでがんばったら、日本でのんびりと暮らしたい。毎日飽きるほど読書をしたり、おいしい空気を吸ったりしたいですね」

富裕層のマンション購入は投資が目的ではない!?

周氏も王氏も「日本の暮らしはとてものんびりしていて、安心できる」と口を揃える。日本に住んでいると特別そうは思わないし、「日本人もいろいろと大変なのだ」と思うのだが、スリに遭わないか、タクシー運転手に遠回りされないか、この食品は本当に安全かといったことを24時間気にして生活しなければならない中国と、すべてのものが一定以上の水準にある安心・安全な日本とでは、精神的な疲労度が大きく異なる。

ささいなストレスが重なって大きくなり、それが心労につながることを思うと、中国人の平均寿命が短いこともわかる気がしてくる。

ひとたび日本の「かゆいところに手が届く、温泉に漬かっているような安らぎ」を覚えてしまったら、またそれを味わいたいと思うのは、人間としてごく自然な感情なのかもしれない。

おそらく、訪日中国人観光客の一部も無意識のうちにそれを感じているはずで、それが日本の魅力にもつながっていると思うのだが、もう少し深く日本を理解している人々は、より明確にそうした感情を抱いている。

前章で紹介した林翔氏も以前、王氏と似たような話をしていた。

中国人富裕層たちと日本各地を旅行して歩く中で、彼らの考え方や人間性に触れることが多いが、そのたびに「中国人の中には日本人の心を持った人がいる」と何度も思ったという。

また、すばらしい大自然や伝統工芸などを通して、日本についてさまざまな発見をしてきたが、常に考えてきたのは「日本と中国はなぜこんなにも違うのか？」ということだった。「日本では、おコメのおいしさひとつ取っても感動する。中国は経済的にこんなに豊かになったのに、おいしいおコメはなかなか見つけられない。この違いについて、もっと知りたい、深く考えたい」と林氏は思ってきた。

「その延長で、私のように日本で生活してみたい、と思っている中国人はかなりいると思います。日本は社会が安定していて、どっしりと腰を落ち着けていられるような気がするんでしょうね」

「彼らが日本で生活したら、日本という国のことをもっと深く理解できるようになるし、日本で学んだことを中国に持ち帰り、中国をもっとよくしていくことにも貢献できると思うんです。来日したことがある中国人の中には、いつか中国も日本みたいないい国にしたいと思っている人もいます」

「日本に住みたい」という夢は、昨今、日本で話題になっている中国人の「マンションの爆買い」などとはまったく違う次元の話だ。

日本が投資の対象になっているわけでも、余った財産の使い道になっているわけでもなく、彼らの切実な願いであり、憧れなのである。

温泉とがん検診をセットにした医療ツアー

日本に移住するというほどではないが、「日本に行って、日本の病院で検診を受けたい」

と思っている中国人も増えている。

佐賀県・嬉野温泉にある老舗旅館、和多屋別荘には、健康診断を受けるために来日した中国人が露天風呂に入り、佐賀牛に舌鼓を打つ姿があった。

全身のがん検査ができるPET（陽電子放射断層撮影）－CT（コンピューター断層撮影）検査と宿泊をセットにしたプランの一環だ。

「お客様をエスコートする通訳が付き添ってくれますので、私たちも安心です。検診の前に日本式の旅館でリラックスしていただいています。これを機にリピーターになってくだされば、なおうれしい」と営業担当者は喜ぶ。

医療ツアーを手がけているのは福岡県に本拠を置くビジット・ジャパンだ。同社は福岡市、中国の大連、深圳の3ヵ所に拠点を置き、これまで人材ビジネスを行っていたが、中国で構築したネットワークを生かして、13年から中国人富裕層向けの医療ツーリズム（医療観光旅行）事業を開始した。

具体的には、長崎県の西諫早病院などと組み、中国人のPET－CT検査、がん検査などを行い、和多屋別荘のほか、長崎県雲仙温泉の雲仙宮崎旅館、旅亭半水盧《はんずいりょ》、福岡県二日市温泉の大丸別荘など複数の宿泊施設に泊まってもらうというコースを販売している。

同社社長の井上智樹氏は「14年は大連を中心に約30人を受け入れました。15年は9月までにすでに30人を受け入れており、14年の2倍以上になる見込みです。コースはオーダーメイドなので料金はさまざまですが、2泊3日（PET－CT検査、航空券、宿泊などを含む）で、日本円にして1人約60万円。いちばん高いコースは4泊5日で1人100万円以上ということもありました。基本的には2、3人で来日し、2泊から4泊ほど温泉旅館に宿泊し、検診を受けていただくというスケジュールになっています」という。

同社は中国で行われる医療関係の展示会に出展したり、医療観光を手掛ける旅行代理店などにツアーを紹介するなどして集客を行っており、知名度が上がってきたという。

申し込むのは40、50代の夫婦や友人同士などで、経済的にゆとりがある企業経営者などが多い。健康に対する意識が高く、中国の医療に不安を覚えている人が参加している。

従来は個人ビザや短期商用ビザなどで来日することが多かったが、15年10月からは同社が認定機関となることで「医療ビザ」を取得できるようになった。

「医療ビザで来日した場合、温泉療養もできるので、何日も温泉施設に宿泊することが可能になります。嬉野や雲仙と違い、地方には集客で苦労されている旅館がたくさんあります。そうしたところとタイアップして、温泉療養し、滞在中に華道や茶道、着付けや和食づくりなどを体験していただけるコースを検討します。お客様にも喜んでいただけ、地方再生の手助けにもなるのでは」と井上氏は期待を寄せる。

検診を担う西諫早病院院長の千葉憲哉《けんや》氏によると「ビザの期間内に治療もできるのか」「どのくらいお金がかかるのか」「もし病気が見つかったら、日本で治療したいのだが、どうしたらいいか」といった質問をしてくる患者が多いという。

千葉氏は長年、中国との交流を持ってきたが、「中国の方々は中国で採血などをした経験がほとんどなく、これまで病院できちんとした医療を受けた経験も乏しいようです。医師が検査内容や結果を丁寧に説明すると、それだけで感激し、非常に喜んでくださいます。せっかく日本の病院に来たのだから、といって薬の処方を望まれる方もいますね。日本で検診する機会がもっと広がればよいと思います」と話す。

「少子高齢化が進む日本では、現在の医療の質をどう保っていくのかが課題となっています。症例が少ない田舎を出て都会に行く医師も多い。中国で日本の医師がトレーニングを積んだり、中国人医師が日本で研修するなど、協力し合えることは多いはずです。日本が医療を通じて中国に貢献できることはまだ多いと思います」と、検診をきっかけに、医療の相互交流が進むことにも期待を寄せている。

直接日本の医療機関に申し込む人も

医療ツアーに向け、日本国内で動き出している旅行会社もある。

ビッグホリデーインターナショナルのホームページを見ると「ＰＥＴ－ＣＴ検査と東京の休日４日間」という中国人向けのツアーが目に留まる。

詳細を見ると、１日目、成田国際空港（または羽田空港）に到着後、中国語ガイドが出迎えて、専用車でホテルへ。医療コーディネーターがホテルを訪問し、検査の流れなどを説明し、夕食に案内。２日目、午前中に日本医科大学検診医療センターへ移動。全身ＰＥＴ－ＣＴ検査、頭部ＭＲＩ、腫瘍マーカー、血液検査、脳検査を実施（４、５時間）。検査の間、医療通訳士が言語面でサポートする。午後は都内観光。３日目、フリータイム。４日目、中国語ガイドが専用車で見送り、帰国というスケジュールだ。

これは夫婦２人で参加した場合の参考プランだ。同社によると、現時点は受け入れ態勢の事情で同ツアーを休止しているというが、中国語ガイドや医療コーディネーターが専属で付き添うので言葉の心配がなく、全身を丁寧にチェックしてくれるという充実した内容は魅力的だ。

大手旅行会社の日本旅行も09年から「訪日医療検診ツアー」を実施している。ＰＥＴ検診だけなら1泊2日からあり、観光もセットにした4、5日のツアーの人気があるという。料金は検診内容によって幅があるが、高額な場合、ツアー代金は１００万円ほどになるという。

また、ツアーではなく、在日中国人の友人を頼ったり、知人から紹介されたりする形で、直接日本の医療機関に申し込みをする中国人も最近増えている。

千葉県鴨川市に本拠を置く亀田総合病院は、その先駆け的な存在だ。同病院には中国事業統括室という専門の部署があり、中国人医師、中国人看護師などが常駐。スタッフが手厚くサポートしていることで知られる。

14年は１１５人、15年は1～3月までに59人が受診しており、受診後のアンケートで96％以上が「満足」と答えたという人気ぶりだ。年齢は40歳代が中心で、上は80歳代もいる。ＰＥＴ－ＣＴ、大腸内視鏡など中国では行えない検査が人気だという。

同病院では「今後、中国人富裕層をターゲットにした医療ツーリズムは増えていくことが予想される」という。

急速に伸びている中国人観光客の旺盛な消費力には驚くばかりだが、そのおカネを日本の医療のほうにも落としてくれれば、と願う人々がいるのは当然の流れだ。

むろん、前述のビジット・ジャパンの医療ツアーのように、中国人も日本の高度な医療サービスに着目している。

背景にあるのは中国の厳しい医療事情

今、中国人が日本で爆買いしている理由のひとつは、中国で売っている商品では日本製品と同等の品質やスペックが得られないからだが、不満はモノに対してだけではない。彼らの不満はもっと根本的なところ。中国で送る〝日々の暮らし〟にある。

中国国内では、とくに高額すぎる住居や不安すぎる医療について心配の声が大きい。北京や上海などでは、都心の好立地（東京にたとえていうと、山手線の内側やその周辺）でマンションを買おうと思ったら、日本円で2億円出しても足りないほど不動産価格が高騰している。医療も同様だ。中国人の友人はよく「中国の病院には行きたくない」というが、北京や上海の病院に行ってみると一目瞭然、その気持ちが理解できる。

私も14年、北京市のある有名病院を訪れてみたことがある。正面玄関前に到着すると、床に段ボールやビニールシートが敷き詰められており、そこに座る人々が大勢いた。病院関係者に聞いてみると、地方から診療を受けにやってきたのに順番が回ってこなくて入れない人や、入院患者の家族だという。中国の病院も完全看護なので、家族は宿泊できない決まりだが、「それにしても、玄関先の床に寝泊まりするなんて」と驚いた経験がある。

診察室と病室も見せてもらったが、診察室のドアは開いたままで、室内には患者と医師だけでなく、順番を抜かされないようにと見張っている次の患者と家族がいて、みんなで医師を取り囲み、その言動を見守っている。

医師の言葉に固唾《かたず》を飲み、患者の家族が録音することもあるそうだ。私が見た病室は4人部屋だったが、仕切りのカーテンも開けっ放し。患者同士がよく会話するからで、その理由は「自分が他の患者と同じように、きちんと治療してもらえているか」を確認するためだという。

治療はすべて「前払い制」だ。まず受付で受付料（20〜30元）を支払い、各診療科に移るが、その際、医師を指名することができる。

有名な医師ならば順番待ちの長い列に並ばなければならない上に、治療費も高額となる。順番待ちのために、家族総出で病院に行くこともある。

出産が近い妊婦であっても、炎天下に外で列に並ばなければならないこともある。治療費は戸籍（都市戸籍か農村戸籍か）や病状によって負担額の割合が異なるので金額はさまざまだが、医療設備が悪いからといって、医療費が安いわけではない。

12年ごろ、私の中国人の友人の夫が膵炎《すいえん》で緊急入院したが、夜中なので現金の持ち合わせがなく、「病室にいるのに、苦しんでいる夫の治療をすぐにしてもらえなかった」と嘆いていたことがあった。半年ほど入退院を繰り返したが、日本円に換算して数百万円も病院に支払ったという。

前払いのシステムは、治療費を払えず、踏み倒して逃げてしまう患者がいるから仕方のない制度なのだが、湿布一枚貼るだけでも、前払いしなければ医師も看護師も動かないというやり方には首をかしげたくなる。

同病院の最上階には「特別室」があり、そこも見せてもらった。「富裕層向け」だというが、廊下に並んだソファはボロボロで穴が開き、クッションの中のスポンジがむき出しになっているほど傷んでいた。

患者用のシャワー室なども設置されておらず、カーテンもボロボロ。「これが本当に富裕層向けのフロアなのだろうか」と目を疑いたくなるほどだった。

私は首都北京と上海の大病院を数ヵ所見ただけなので、ここに書いたことが中国のすべての病院というわけではないことはお断りしておく。だが、私はGDP世界第2位の国のあまりにも遅れた医療体制に驚きを隠せなかった。

このような中国の医療事情を見るにつけ、中国人自身が病気にならないように、常に健康に気を配っていることがよく理解できる。富裕層でさえ、中国国内ではまともな治療を受けられないと考えていることが改めてわかった。

同じ高額な治療費を払うのなら、「最も近い先進国の日本で、安心・安全な治療をしてほしい」と思うのも無理はない。日本への医療ツアーに参加すれば、空港への送迎から検査まで、一貫して中国語で丁寧に対応してくれて、検査結果も信頼に足るものだからだ。

来日した中国人たちは日本各地を旅行して歩いているとき、「あ〜、このおいしい空気も缶に詰めて中国に持って帰りたい」と冗談半分に話しているが、日本人にとって「あって当たり前」のことが、中国ではまだ難しい。その最たるものが、医療という人間にとって最も大事な命に関わる分野なのである。

医療ツアーはまだ始まったばかりだ。観光と違い、ビザや受け入れ態勢の問題などで課題は多いが、今後、訪日観光の目玉のひとつとなっていくことは間違いないだろう。距離的に近く、医療が進んでいる日本は、この分野でもさまざまなビジネスの可能性を秘めている。

エピローグ

日本旅行で中国人の対日観が塗りかえられていく

「一生忘れられない旅」ってどんなもの？

15年9月のある夜。たまたまテレビをつけたら、台湾人家族が沖縄の日本人に助けてもらって感激した、という内容の再現ドラマを放送していた。番組名は失念してしまったのだが、あとで検索してみると、次の実話をもとにしていることがわかった。

〈ある台湾人家族が沖縄で海水浴を楽しんでいた。海で娘が突然「痛い、痛い」と泣き叫び出し、クラゲに刺されたことがわかった。ビーチの監視員が応急処置をしてくれて病院に向かったが、レンタカーのナビが壊れていて、病院に行くはずなのに宜野湾市役所に着いてしまった。運悪く休日で誰もいない。台湾人家族はオロオロするばかりで、立ちつくしていた。するとたまたま休日出勤していた職員が出てきた。父親が必死で状況を説明していると、そこに証明書の自動発行に来ていた男性が通りかかった。職員が病院搬送の手配を整えたが、父親は車で正しく病院に到着できないのではないかと心配する。そこで、男性が先導を買って出て、一緒に病院に行った。到着後、家族を先に病院に行かせ、男性は駐車場代を払って、名前も名乗らず黙って立ち去った。後日、回復した台湾人家族から、沖縄の新聞社宛てに感謝の手紙が送られ、助けた人に名乗り出てほしい、と報道したところ、ようやくその男性が名乗り出た。「自分は当たり前のことをしただけ。同じ年頃の娘がいたので、放っておけなかった」と照れくさそうにしていた〉

胸がほんわかと温かくなってくる話だ。私自身、この小さなエピソードに勇気づけられる気がした。その台湾人にとって沖縄旅行は、どんなショッピングよりも、どんな豪華な観光旅行よりも思い出深い、一生忘れられない旅になったことだろう。

今回の取材でも「ちょっといい話」を聞いた。

岐阜県高山市を訪れて、市役所の田中明氏と雑談になったとき、市内にある郷土料理店のユニークな女将さんのことを教えてもらった。70歳くらいになる女将さんだが、よく使う食材の名前やあいさつをなんと40ヵ国語の一覧表にして持っていて、外国人観光客が来ると、そのメモを取り出してあいさつし、相手を喜ばせているといっていた。

また、同じ高山市の旅館「本陣平野屋花兆庵」では、女将の有巣栄里子氏が社内の英語教室で「英語を話そうと思うと緊張して表情が硬くなってしまう。そんなときは満面の笑顔で、まずは社員みなで〝ハロー〟だけはしっかりいうように、心がけているんです。きっと真心は通じると思うんですよ」と話していた。

取材ではなかったが、私自身、気持ちのいいおもてなしを受けたことがある。東京・浅草の仲見世から一本裏通りに入った静かな場所にある会席料理店「吉幸《きっこう》」に行ったときだ。この店では食事の途中で、津軽三味線のライブを楽しむことができる。店主が伝統的な曲を数曲選んで演奏してくれるのだが、私が訪れた日は、「トリップ・アドバイザー」を見て予約してきていた欧米の客が数組きていた。

店主は最初に日本語で津軽三味線の説明をしたあと、英語でも説明を始めた。すべて英語に訳しているわけではなかったが、ウィットに富んだ語り口で、たどたどしい感じがかえって笑いを誘っていた。私たちにもわかる英語でありながら、外国人の客も大喜びだった。

津軽三味線で数ヵ国の国歌を演奏することができるといい、予約が入った客の出身国の国歌を練習しているとも話していた。数組しか入れない狭い店だったが、演奏に聴き惚れながら、外国人と日本人の客が一体化し、とてもいい雰囲気を醸し出していた。ちょうどその日が誕生日だという人がいて、津軽三味線で「ハッピーバースデー」を演奏。みんなで一緒に歌ったことはよい思い出になった。

店主に「中国人のお客様も来るんですか？」と聞いてみたが、「まだ少ないですね」とのこと。浅草の仲見世には大勢の中国人団体客が歩いていて、そこから目と鼻の先だというのに……。少し残念な気持ちになった。

もっと日本のすてきなところが伝われば

本章で取り上げたように、中国人は中国人同士のＳＮＳのクチコミで情報が出回り、今のところ、そこに群がるように人が押し寄せている状態だ。

もっと一人ひとりが多角的に情報を入手できるようになれば、こんなにすてきな店にも来られるようになるのにと思った。これは私が体験したひとつの例であり、すてきなところは日本中にいくらでもある。

だが、日本人との接点がなかったり、日本語ができなかったりすると、自分で新規開拓し、予約するのはハードルが高く、中国人情報に頼らざるを得ない。

日本のレストランや観光施設では、英語のホームページを用意しているところはかなり増えてきたが、中国語となると非常に少ない。

もしあっても、簡単な説明のページが1ページあるだけだ。画面が更新されないままのこともよくある。

中国語で検索できる日本のホームページが増え、中国人がもっとダイレクトに自分で好みの店を探すことができるようになることが、第3章で紹介した「公式アカウント」などに頼らず、中国人に日本の情報を行き渡らせるひとつの方法ではないか。

以前、香港に詳しい日本人の友人に、中国人よりも先に海外旅行を始め、洗練された旅をしている香港人はどのように日本旅行を楽しんでいるのか、と聞いてみたことがある。

友人によれば、香港人は英語のホームページを見たり、香港で放送されている日本関連のテレビ番組、ガイドブックなどで探しているといい、彼らはＪＲのチケットや割引券などについても非常に詳しいということだった。

以前は日本人の友人を頼り「この店に予約しようかと思うが、日本人から見てここはどうか」などの問い合わせが頻繁にあったそうだが、最近は自分たちで判断できるようになり、頼ってくる頻度がめっきり減ったそうだ。

10年以上前、香港人は温泉があっても入らずシャワーで済ませたり、生ものが食べられないなど、日本に来ることは来ても、日本の習慣や文化にまでは馴染めない人が多かった。しかし、今では温泉や食事はもちろん、自らレンタカーを借り、カーナビに目的地を入れて、ドライブを楽しむなど、自由自在に旅を組み立てられるほどになった。「小田原にあるヒルトンホテルは海がよく見渡せる絶景が楽しめて、コーヒーもおいしいのよ」、「日本に行くたびにお城巡りを楽しんでいるよ」といった言葉が自然に飛び出すという。

日本人よりもマニアックな場所を知っており、オリジナルの旅を楽しめるようになった。私が中国人を追い掛けて行った先々には、必ず香港・台湾の人々もいたが、彼らは2～4人単位で動いており、中国人の一歩先をいっている感じだった。

歴史的に見て、中国で流行るものは香港・台湾から入ってくるのが常道だ。香港人の日本旅行の変遷を聞いていて、おそらく今後数年以内に、中国人はキャッチアップしてくるに違いないと私は確信した。

その証拠に、繰り返し述べてきたように、団体旅行から個人旅行へと切り替える人が急激に増えている。第6章で紹介したように、富裕層や中間層のアッパーレベルの人々は、すでに香港人と同じような旅をしており、彼らと変わらなくなってきている。

彼らの関心はモノよりも体験に移行している

彼らの関心が「モノ」ではなく「コト」、つまり体験や経験に移行してきていることはすでに述べた通りだ。

お料理教室、お菓子づくり、茶道や華道、歌舞伎など伝統芸能の見物、工場見学、野菜の収穫、釣り、シュノーケリング、ダイビング、ハイキング、スキー……。

ある百貨店の担当者がうまいことをいっていたが、ショッピングといえども「買いたい人と売りたい人のコミュニケーションがあって成立するもの。ひとつの商品を数十個買う一方的な爆買い行為ではなく、ショッピングそのものが楽しい日本の体験になる」といっていたが、その通りだろう。

観光施設を見て歩くだけよりも、自分で考えたり、自分の手を使って何かを作ったり、その国の人とコミュニケートすること。そして、学習体験、スポーツ、日本人との交流など、関心は無限大に広がっていく。

考えてみれば、日本はこんなに狭い国なのに、中国ではできなくて、日本でなければできないことがたくさんある。

北海道運輸局国際観光課の水口猛氏が「北海道の雪は世界のプロスキーヤーも絶賛するパウダースノー」と話していたが、昨今は欧米人や香港・台湾の人々だけでなく、中国人も北海道でスキーをするようになってきたという。アジアでウィンタースポーツがこれほどさかんなのも日本だけだ。

スキーしかり、世界一といえるほど透明度の高い沖縄の海でのダイビングしかり、日本はただ自然が豊かというだけでなく、それを楽しめるだけの設備が整い、指導者などの人材が豊富だという点でもアジアでは群を抜いている。

日本人の「当たり前」が感動ポイントになることも

北海道で3軒のホテルを経営するハマノホテルズ常務の角田貴美《すみたきよし》氏と話をしていたときにも、そのような話題になった。

私の中国人の友人が九州を旅行していたとき、車窓から目にした青々とした緑の田園風景に感動し、「日本人はどうしてこんなにまっすぐできれいな畔《あぜ》道を作れるの？　本当にまじめで、きちょうめんなんですね。今回の旅では、あの田んぼを見たことが、最も強い印象に残っています」と話したことを思い出した。

この話を引き合いに出し、「旅の感動というものは、必ずしも観光地に行くことばかりではないんですよね。身近なところにも発見があるんですよね」といった私に、角田氏も思い出したように次の話をしてくれた。

「弊社経営の旭岳温泉ホテルディアバレーで北京から来たお客様を対象に〝雪遊び〟を企画したところ、大変喜ばれたことがありました。本来はそのあとに別の予定があったのですが、皆さんの希望で、以降の予定をキャンセルして雪合戦やそり遊びを楽しんでいただきました。お客様が雪を投げながら無邪気に喜んでいる姿を見て、こちらも胸が熱くなったのです。ああ、こういうことだったのか、と。求められていることは、大掛かりなイベントだけではないのだなと、わかりました」

今後はホテルがある町の町民との交流会などを予定しており、中国人と日本人が気軽に交流できる場を設定したいと考えている。

角田氏は今後のインバウンドのキーワードを、ショッピング、体験、個人旅行の3つだと指摘する。

現在はショッピングが主流だが、体験に対する要望が大きく、個人旅行は自然の流れだという。そのためにハードとソフト両面での受け入れ態勢が必要不可欠だと話している。

角田氏が北京に駐在していた数年前、北海道への旅行経験のある中国人に「どこがいちばん感動しましたか」と質問したところ、その答えは「日本海に沈む夕日」だったという。

考えてみれば、中国からは地理的に「日本海に沈む夕日」を見ることはできない。これこそ、日本が持つすばらしい観光資源のひとつなのだと、角田氏は気づかされたと話してくれた。

相手の常識や状況に思いを馳せることが重要

団体観光から個人的体験へと旅の中身が変わり、旅行という行為そのものに慣れていけば、自然と日本の細かいところまで見えるようになってくるはずだ。

以前、私は上海から帰国した際、羽田空港に到着してすぐにトイレに立ち寄った。私の後ろには同じ便に乗っていた7、8人の女性が並んでいたが、もっと後ろからきた60代くらいの中国人女性が〝ごぼう抜き〟して、さっさと前に進み、空いたトイレに入っていってしまったのだ。一連の行動に並んでいた日本人は面食らい、思わず顔を見合わせたが、他の中国人は気がつかないようだった。

もしかしたら、彼女は初めての日本旅行だったのかもしれないし、急を要していたのかもしれない。だが、これから日本を旅行していく中で、彼女の中で何か少しでも〝気づき〟があり、旅行を終えるまでに内部変化があればいいな、と心の中で願いつつ、私はその場を立ち去った。

日本と中国では常識が異なる。

国が違うのだから当たり前だが、人間は自分がやってきたことを正しいと思うし、そうでないこと（あるいは外国人がやっていること）を正しくない、間違っている、と決めつけてしまうところがある。日中に関しても同様だ。

トイレで順番を抜かす行為。これは世界中どこに行っても「正しくない行為」であることは間違いない。だが、第4章で書いたように、まだ社会システムが整っていない中国では、順番を待っていたら、いつまでたっても自分の順番が回ってこない。さらに、文化大革命など国内の混乱や貧困が続き、他人のことまで考えられない時代が長かったといった背景がある。

だから彼らを許そうといっているのではない。相手の国や国民が置かれている状況をまず理解することが大切だ、ということだ。理屈抜きに無闇に怒り出したら逆効果で、相手は聞く耳を持ってくれない。

いかにして素直に聞く耳を持ってもらい、正しい情報をきちんと伝えていくかが大切で、そこには「常識」の異なる相手に対する粘り強さや謙虚さ、リスペクトの気持ちもなければいけないと思う。

私の著書『中国人の誤解　日本人の誤解』の中でも書いたことがあるが、80年代後半、物資不足の中国の食堂で、私は中国人の店員が日本人の客から怒鳴られて、土下座させられている場面に出くわしたことがある。日本人はなぜそこまで激怒したのか。理由は「ビールが冷えていないこと」だった。

日本ではビールは冷えているのが「常識」だが、中国人はもともと中医学の考え方から、冷たい飲み物をあまり好まない。いまだに常温でビールを飲む人も少なくない。しかもその時代は電力も足りず、冷蔵庫のコンセントはいつも抜かれていたという事情もあった。人間だから、自分の常識で相手を見れば、つい怒りたくなってしまうこともあるだろうが、その頃、中国と日本の経済格差は50倍くらいあった。

金持ちの日本人が中国人の店員を一方的に怒鳴っている姿は、当時大学生だった私にとって衝撃的であり、涙がこぼれた。

日本人の心底に、「かの国の人々よりも自分たちのほうが優れているのだ」というおごりはなかっただろうかと今振り返ってみて思う。

プロローグで紹介したように、日本人も80年代、強い経済力をバックに欧米に出かけていき、「日本の常識とは違う場面」に遭遇したことがきっとあったはずだ。だが、そこで日本人は欧米人を怒鳴り散らしたり、土下座させたりしたことはあったのだろうか。

容易に解決できる問題もたくさんある

取材先で聞いた小さな常識の違いには、情報を正しく相手に伝えていくルートとツールさえ確保すれば、容易に解決できる問題もあるように思われた。

たとえば中国人の個人客がインターネットで予約を入れてくる場合、（他の外国人も同じだが）、海外ではベッドの種類や数で予約を入れるが、日本では男1、女1、子ども1、というように性別も必要だ。浴衣の色やサイズが違うからだ。また、夕食がついていないホテルでは関係ないが、旅館の場合、午後4時か5時ごろまでにはチェックインし、まず休憩するかお風呂に入り、それから夕食という流れが普通だ。

日本人は誰にも教えてもらわなくても、たいていこの流れを知っているが、外国人にとっては「そんなこと聞いていない！」となる。夕食込みの料金だということを知らず、夜遅くにチェックインするケースもあるようだ。

もっと簡単な例でいえば、空港で中国人はカートを置きっぱなしにすることがよくある。日本人からするとだらしなく見えるが、中国ではすぐにカートを片づける係員がいるから、自分で片づける必要はないのだ。

日本のファストフード店では自分で片づけるのが「当たり前」だが、中国ではスタッフが片づける。自分でやったら、スタッフの仕事を奪ってしまうことになる。

さらに、もうかなり多くの日本人が知っていることだが、中国ではトイレットペーパーを流さず、脇にあるゴミ箱に捨てるのがルール。これも、中国のペーパーの紙質の悪さや下水道の整備の問題と関係している。

都内のレストランで「中国人はそば屋であっても、おしゃべりしていて長居する」という苦情を聞いたが、日本ではそばはファストフードで、入り口に列ができていたら早めに席を立つという「気遣い」を教えてあげることも大切である。

日本人は常に周囲にいる人々の行動を気にし、それに合わせて行動することに慣れているが、中国人は自分中心だ。中国語のことわざにもある「郷に入っては郷に従え」を実践していってもらう必要がある。

日本人も30年前と比べて、旅行の仕方はずいぶんと変わった。パリでブランド品を買い漁っていた頃と比べて、団体ツアーはだんだんと減り、個人旅行が増えていった。旅行する目的も細分化されていった。ビジネスで海外に行く機会はかつてでは考えられないほど増えた。

80年代後半から90年代前半、私が大学を卒業する頃には、日本の大学生の間でバックパックの貧乏旅行が流行り、中国の奥地で安宿に泊まろうとすると、そんなところにも日本人の学生が泊まっていてびっくりしたものだった。場数を踏むことによって、だんだんと相手国の常識を知り、日本人も世界を学んでいったのだ。日本の30年後ろを歩いている中国人も、少しずつ世界を知る時代が来るだろう。

観光は日中の政治を助け、救うものだ

私は1年に数回中国に取材に行くが、都市部の変化はめまぐるしく、行くたびに「あれ？」と思うことばかりだ。とくにマナーの改善は驚くべき速さだ。頻繁に中国に行く私でさえ、自分の中国観をアップデートさせていくことは難しい。

いったん「中国はこうだ」「こういう国なのだ」という固定概念を持てば、彼らがそれ以外の行動をしたとき、柔軟な目で見られなくなってしまう。軌道修正ができなくなってしまうのだ。

私は、彼らのマナーが劇的によくなっている背景には、日本をはじめ、海外旅行に出かけていることも大きな影響を与えていると思う。

全人口からすれば、まだ先端の人しか海外に出ていない段階だが、その人たちが海外で見聞してきたことを母国に持ち帰ることで、目に見えない〝内部変化〟が起きているのではないだろうか。

これまで「近くて遠い国」「戦争をした憎き相手」だと思ってきた（あるいは、思い込んできた）日本に対しての印象も、日に日にアップデートされ、対日観は塗りかえられていっていると感じる。

以前、取材した上海の女性が「日本で『爆買い』がどのように報道されようとも、中国人の日本旅行ブームは日中関係にとってよいこと。これまで日本なんか嫌いだ、嫌いだといっていた人にこそ日本に行ってほしい。観光すれば一目瞭然。中国がいかに日本から多くのものを学んできて、これからも学ばなければいけないことが多いのかがわかる。観光は日中の政治を助け、救うものだと思う」と話してくれたが、同感だ。

第6章で富裕層が高野山を訪れたとき、空海が遣唐使として海を渡り、中国で仏教を学んだことに感激していたが、この100年ほどは日本が少しだけ前を歩く時間が長かった。そこを中国人が学んでくれたら、日本人としても、喜ぶべきではないだろうか。

中国は、日本とは政治体制が大きく異なっているが、私は、中国政府ほど世論を気にしている国家は少ないのではないかと思ってきた。中国という国は、多民族を共産党の一党支配で無理やりまとめている巨大国家だが、一人ひとりがSNSで自由に情報発信し始めた今、世論をどのような方向に動かしていくかに政府は注力している。

彼らがもっと日本を好きになり、日本に理解を示すようになれば、政府の対日政策も変わっていかざるを得ない。つまり、国民の力が政府を動かすということだ。だから、彼ら一人ひとりが、日中関係改善のキーパーソンになってくれるよう、私たちは努力しなければいけないと思う。それが、結局は日本のためになるからだ。

逆に、日本人も海外に出て、もっと相手の常識の中に飛び込んでみるべきだ。

そうすれば、自分の立ち位置がわかるようになるし、日本がいかに平和で安定した国で、自分たちが恵まれているかということを知るだろう。

私は中国に行くたびに、自分が〝日本人〟であることを強く自覚する。中国で不自由なことがあれば、自分がたまたま日本人として生まれた「ありがたみ」を感じるし、中国で誰かに親切にしてもらうと、経済発展の過程で日本人が失ってきたものはなかっただろうか、という気持ちになる。

プロローグで「中国人は日本のあとを追っている」と書いたが、日本はアジアで最も早く経済成長し、世界的に稀に見る豊かな国を築いてきた。アジアの国々は、そんな日本がこの先どういう道を歩んでいくのかを常に見守っているということを、私たちはもっと自覚するべきであろう。

外国を理解することは、つまり日本を理解することだ。

高山市でもらってきた資料のいちばん最後のページに「海外戦略への思い」という四角い囲みがあった。３つあるポイントのひとつに目が留まった。

自らの価値に気づき、それをより高める――。

日本人の30年後にやってきた中国人の「爆買い」を通して、私たちはもう一度自分たちの歩んできた道を振り返り、これからどんな道を歩んでいくのか、行く末をしっかりと見据えなければならない。

今こそ、そんな時期に差し掛かっているのではないだろうか。

あとがき――〝インバウンドのバリアフリー〟が整ったとき日本は初めて真の観光立国になれる

中国人の行動は神出鬼没で、変化が非常に激しい。鈍化したとはいえ、いまだに7％前後の経済成長を誇る大国だ。ドッグイヤーよりもさらに速いスピードで変化していく中、そこで生きる中国人が発するエネルギーは莫大《ばくだい》で、豊かになった今、それが世界に飛び出す原動力になっている。

私たちもその恩恵にあずかっているが、中国の10分の1以下の人口で、もう激しい変化を好まない日本人にとって、彼らの存在は何かにつけて厄介で、頭を悩ますものとなっている。

しかし、これまで見てきた現象や30年前のことを思えば、彼らは着実に成長し続け、日本の背中を追い掛けてきた。生活レベルという点では、まだ日本の足元にも及ばないが、総合的に見て、その追い上げ方は半端ではない。技術面でも同様で、ものすごいスピードでキャッチアップが進んでいる。

それに気づかずに、いつまでたっても高みに立って「昔の中国」の残影を見ていたら、きっと「うさぎとかめ」のうさぎのように取り残されてしまうだろう。

「爆買い」はそうした目覚ましい中国人の勢いを知る上で、私たちに多くの刺激や示唆、そして気づきを与えてくれるものだ。

まえがきでも書いたように、「爆買い」はまだ続く。しかし、「爆買いの中身」がどういう方向へと変化していくのかは、まだわからない。

今こそ、私たちは戸惑いの状況から脱却し、彼らの行動に注目し、戦略を持って対応していかなければならない。ビジネス面でも、日本や日本人の存在を理解してもらうためにも、このチャンスを失ってはならない。

前述した三越伊勢丹ホールディングスの堀井氏は「インバウンドの専任部署だけでなく、会社全体が自然体で海外からのお客様を迎えられるようになったときが、本当にインバウンドが日本に根づくときだ」と話していたが、その通りだ。中国人の爆買いを特殊な色ものとして位置づけたり、「いちげんさん」として彼らを粗雑に扱ったりすれば、そのしっぺ返しに遭うだろう。

以前、バリアフリーという言葉がさかんに叫ばれたが、今では障害者や高齢者のために手すりをつけたり、車椅子対応をすることは「当たり前」の時代になった。

それと同じように、〝インバウンドのバリアフリー〟も、少しずつ進んでいくことを期待したい。そのときこそ、日本が真に観光立国となり、国際化していけるはずだ。

〝従来通りの爆買い〟はいつまで続くのだろうか

また、〝従来通りの爆買い〟はいつまで続くのだろうか、という思いが頭を巡った取材について書きたいと思う。それは日中お菓子の食べ比べテストという企画をやったときのこと。15年2月、春節の少し前だった。

中国人が日本の日用品を大量に買っていくのは、日本の日用品の品質が中国のそれと比べたら「雲泥の差」があるからだが、ある編集者と打ち合わせしていたとき、「よく考えてみると、おかしくないか」という話になった。

中国のスーパーやコンビニでも、最近は日本で売っているものと同じ商品がかなり買えるようになり、日本からお土産として持っていったのに、「しまった。これは中国でも売っていたのか」と後悔することがしばしばある。

それなのに、中国人はわざわざ日本に来て買って帰る。

「日本で売っているものなら、中国製でも安心」という定説はあるものの、スーパーで売っているような安いお菓子の場合、日本製と中国製の味の違いまで〝本当に〟わかるのだろうか……。そんな疑問が浮上したのだ。

そこで、日中両国で売っている商品数種類を集めて、食べ比べテストをやってみたら、一体どんな結果になるかという話題になった。

あらかじめ、中国でどんな日本のお菓子が売られているかを調査し、同じものを日本で購入。それを持って中国に行き、中国の日系企業が現地生産している商品を調達し、それぞれをビニール袋に入れて、「A」「B」と印をつけて、20~60代の男女十数人に食べ比べてもらったのだ。この男女の中には一度も日本に行ったことがない人も数人含めた。

おもしろい結果が出た。最も「違い」がわからなかったのはアーモンドが入ったチョコ。見た目も味もほとんど同じ。この商品はパッケージもほぼ同じで、食べた人はどちらかわからなかった。

一方、一見しただけでわかったものもある。棒状のポテト菓子だ。日本製は色や大きさが均一だったのに対し、中国製は長さがバラバラ。焦げていたり、皮が残っているものもあり、「雑な感じがするほうが中国」という意見が多かった。食べてみても、中国製は「油っぽい」「塩味が強い」という声が聞かれ、当たっていた。

クッキーとチョコが一体化した菓子は、さらに正解率が高かった。決め手は味ではなくパッケージの違いだった。日本製は箱の中が2つのパッケージに分かれていて、中国製は1つだった。「小袋に分けているほうが日本製。一度に食べきれないので2つに分ける、という繊細な気配りができるのは日本のメーカーならでは」や「2つに分けるにはコストがかかるから、中国では絶対やらない」という意見をいった人がいてびっくりした。

パッケージで区別がつく点は割り引く必要があるが、味についても、日本製のほうは「チョコとクッキーに一体感がある」という意見が多く、一度も日本に行ったことがない人からも「きっとおいしいほうが日本に違いない」とのコメントが続出した。

最も正解率が高かったのは、キューブ型の生チョコで、冬限定商品だった。これも味わう以前に個包装の袋を見ただけで見抜かれた。個包装の袋のギザギザの形や、切り口の開けやすさが断然違ったからだ。紅茶のティーバッグと同じく、日本製はチョコの小袋も開封するときの〝切れ味〟が鋭く、きれいに開けられるなど異なっていた。

もっとも、袋の開け具合やギザギザが不揃いなことに気がついたのは、「日本経験あり」の人で、日本に行ったことがない人は、そんな細かいところには気がつかなかった。

袋が開けにくいのは中国では「普通」のことであり、何にも感じない。「中国以外」と比較したことがないからだ。日本製と中国製を比較できるのは、両方の商品や文化をよく知っている人たちだった。

限られた範囲でのミニテストだが、意外と正解率は高かった。それは、本来テストしたかった「味の違い」というよりも、パッケージなどの細部に注目する中国人が多かったことによる。

中国人の間で「日本製品は中国製品に比べて、品質がいい」というイメージが強くインプットされているため、「どっちが日本製か当ててみて」というと、味よりもディテールに意識がいく。つまり、最初から「日本製の感心できるところ」を探しているのだ。

彼らの間に「日本製＝繊細で完璧、おいしい」という共通認識があるからこそ、私が買っていった日本のコンビニのお菓子でも、今のところはありがたがって受け取ってくれるし、わざわざ来日して、スーパーで数十個と安いお菓子を買ってくれる。これは日本人としてうれしいということだけでなく、まさに日本企業が長年積み上げてきた「ブランド力」「信用力」の賜物《たまもの》といえる。

しかし、日本製と中国製の価格は、円安・元高の影響もあって、今やほとんど同じだ。「外見」や「先入観」を取り除いてフラットに並べてみたら、「これが日本製だ」と誰もが断言できるほどの大きな差は、スーパーのお菓子に限っていえば、もはやあまりなくなっている。味もパッケージも、どんどんその差がつまってきている。比較することによって初めて細かな違いがわかる程度だ。

私はこの取材を通じて、改めて考えさせられた。

日本が得意とする細かなモノづくりが、今後もずっと中国ではできない可能性もあるだろうか。

そして、日本の細かい気配りを、これから先も中国人はずっとありがたがって、喜んでくれると期待してよいのだろうかと。

中国のモノづくりは日進月歩で進化し、日本に近づいている。今はまだ「日本信仰」が根強くあり、私たちはそれに助けられている。

だが、それが失われるような出来事があったり、彼らがわざわざ日本に行かなくても買えると思う製品を自ら生み出せるようになり、プラスアルファの楽しみが日本で味わえないのだとしたら……。〝従来通りの爆買い〟は終わりを告げるだろう。

中国人にとって、今のところ最も難しいのは「安心・安全」の確保だが、それも少しずつ解決していくかもしれない。

つまり、私たちは、先人が築き上げた日本製品の信頼性が高いことは誇るべきではあるが、だからといって、それが永遠に続く保証はない。そして、現状に甘んじたり、おごったりしてはいけないということだ。

世の中は常に変化しているということを肝に銘じるべきだろう。そして、「爆買い」に関係なく、日本人にしかできないような高度なモノづくりや、より魅力的な日本を築いていく努力をし続けなければならないのだと思った。

それに向かって日本が歩んでいけば、「爆買い」後も、彼らは日本を目指すだろう。

本書には日経ビジネスオンライン、ダイヤモンド・オンライン、現代ビジネス・オンライン、『プレジデント』（15年10月19日号）の記事の一部を改稿・引用したことをお断りしておく。また、本書の執筆に当たり、中国や日本国内に住む中国人、そして日本企業、観光関係者などにご協力いただいた。

ここ数年、私は日本よりも中国各地を取材して歩く時間のほうがずっと長く、現地でお世話になった中国人が芋づる式に友人を紹介してくれることなどがあり、「中国人は人情がある」と思ってきた。だが、今回、久しぶりに日本各地で大勢の日本人の取材をしてみて、日本人からもまったく同じような親切を受けた。私が困っていると、こころよく知人や友人を紹介してくださり、初めて会った方に助けていただいた。

そして何よりも強く感じたことは、日本には本当に美しい風景が多く、人が温かいということだ。行く先々で中国人と同じ列車に乗ったり、同じ場所を歩いたりしたが、私も異邦人の彼らと同じ目線で、日本人にとっては当たり前の風景や優しさに感動した。

これまでの言説と矛盾するようだが、あえて「観光」「インバウンド」という言葉で括らなくても、そうした仕事に携わらなくても、通りすがりに中国人に丁寧に道順を教えてあげたりするだけで、日本人の優しさは十分彼らに伝わると思った。

自分の経験からいえば、観光に行った先で、案外印象に残っているのは、施設の豪華さよりも、そんな小さな親切や、思いがけないハプニング、名前も知らない人との触れ合いだったりする。

「爆買い」だけでなく、「今の日本」を、ぜひ一人でも多くの中国人に味わってほしいと願いつつ、筆をおきたい。

最後に、プレジデント社書籍編集部長の桂木栄一氏、編集担当の遠藤由次郎氏には大変お世話になりました。ありがとうございました。

２０１５年10月

中島　恵

「爆買い」後、彼らはどこに向かうのか？

中国人のホンネ、日本人のとまどい

発行　2015年12月23日　第1刷発行

著　者　中島 恵
発行者　長坂嘉昭
発行所　株式会社プレジデント社
〒102-8641　東京都千代田区平河町2-16-1
電話：編集(03)3237-3732　販売(03)3237-3731
http://www.president.co.jp/

編　集　桂木栄一　遠藤由次郎
装　丁　渡邊民人（TYPEFACE）
写　真　鍋田広一（40、117ページ）
制　作　関 結香
販　売　高橋 徹　川井田美景　森田巌　遠藤真知子

印刷・製本　凸版印刷株式会社

ISBN978-4-8334-2162-1
Printed in Japan
落丁・乱丁本はおとりかえいたします。